LYRIK 1990 - 2000

LuC. A.

Ludger Christian Albrecht

LYRIK 1990 – 2000

Freie Dichtung und gefangene Worte …

Episode 2

1. Auflage 2025

Grafiken mit MS Copilot erzeugt.

lucastoryteller.home.blog

lucalitertura.wordpress.com

Verlag:

BoD · Books on Demand GmbH,

Überseering 33, 22297 Hamburg,

bod@bod.de

Druck:

Libri Plureos GmbH,

Friedensallee 273, 22763 Hamburg

ISBN: 978-3-8192-9895-0

Inhalt:

1990 - 1993

Hallo Cologne

1
Ankunft im Herbstlaub
Sturm in der Nacht aber gut geschlafen
Kleiner Bildschirm zur Welt
In der Welt mittendrin
Hallo Welt, hallo Köln!
2
Frühstück mit Musik
Melodie in Schwung
Der Drahtesel wartet schon
Entdeckungsreise!
Fahrt ein Stück ins Glück□
3
Rhein, Laub, Leute , Häuser
Strahlender Sonnenschein
Aber Regenwolken
Über dem „ersten Tag"
Hallo Köln, hallo Welt!
4
Soviel Fragen wozu?
Soviel zu sehen, zu hören, zu spüren
Noch nicht verstehen
Rückkehr schon früh
Hunger, Ruhe, Luft, Phantasie!

Zwischenwelten

1

Lauschen auf die Stimme im tiefen Brunnen
Durchbruch wohin, wozu, woher?
Die Fragen des Seins, des Werdens, des Verstehens
Kapiert?!
Im durchleuchteten Verstand.

2

Einleitung des Weiterentwickeln
Des Wiederentdeckens
Rückschritt zum Ziel in weiter Ferne
Die Hände über der gerunzelten Stirn des Denkers
Warum fehlt mir so viel?

3

Mut zum Verstehen, Weitergehen, Ersehen, Bestehen
Mut für das was kommt
Mut für den Blick in die Ferne
Mut für den Schritt ins Leben
Durchs Leben.

4

Worte vor dem verschlossenen Ohr
Erfrorener Hauch der toten Silben
Worte die durch die dicke Mauer sickern
Sprung über die Mauer in den Sumpf
Des Lebens.

5

Melodie der süßen Hoffnung
Klang der heiligen Glocken des Krieges
Sieg der Vernunft über den Verstand
Aber
Unerkannt in diesem Land.

Wozu man was sagen muss

Augen die alles gesehen haben
Mussten auch alles
ertragenDarum begann irgend-
wann
Die Wanderung durch die Zeit
Wer hat uns gefragt?
Ob wir dabei sein wollen
Wer hat uns gesagt?
Wohin es geht
Wer von uns ging mit?
Noch hat niemand
In den Spiegel der Zeit geblickt
Nicht ohne Brille
Warum nicht?
Die es doch wagten
Sind nicht erstickt
An der schrecklichen Erkenntnis!
Lausche
Lausche der Musik
Lausche den Sprachen der Welt
Lausche
Lausche!
Wenn du schon nichts siehst.

Ein schöner Gedanke
1

Es ist ein schöner Gedanke
Denk ich an dich
Wir kennen uns erst so kurz
Und doch lässt er mich nicht mehr los Er hat mich Tag und
Nacht ergriffen
Er sitzt tief in meinem Bauch an einer Leine
Er füllt meine Luft die ich atme und die deine auch
Durchdringt meinen Glauben im Warten
Leitet meine Hände und Beine
Und beschließt schließlich meine Taten.
2

Meine Stirn ist heiß und meine Hände zittern
Wenn dein Bild vor meinem inneren Auge verweilt
Dein wunderschönes Haar
Das du auch zum Zopf dir flechtest
Möchte ich so gerne auf meinem Gesicht verspüren
Und deinen Mund mit verlangenden Lippen berühren
Oh Liebste du bist mir stets so nah und doch so fern
Oh Welt wie schön ist das Leben und doch so schwer
Du wiegst mir Tonnen und vieles mehr
Und liegst mit Wonnen in meinem Magen quer.
3

Doch ach ich weiß das deine Gedanken
Bei einem anderen Glücklicheren weilen
All deine Liebe richtet sich auf ihn
Der dich ganz klar als erster sah
Es ist ein tiefer Schmerz er wühlt im Innern mir
Der mit diesem Wissen meine geheime Sehnsucht beherrscht
Doch was nützt das stille Klagen
Ich weiß ich muss mal etwas wagen
Sonst bleibt dein Herz nur wo es sicher wahrt vor Schmerz
Und niemals kann ich glücklich es von dannen tragen.

Gedanken an dich

1

Der Regen prasselt gegen die Scheiben
Leise spielt das Radio
Irgendwas sitz auf meiner Seele
Bist du es?
Wo bist du?
Ich denk an dich und fühle dich immerzu.

2

Leise Klänge weihnachtlich lei-
ser Takt Mein Herz ruft nach dir
so vor sich hin Du sitzt in mei-
nem Kopfe drin
Wo denkst du an mich, tust du es?
Ich schau hinaus und laufe mit dem Regen
Die trübe Scheibe runter dir entgegen.

3

Seit du fort bist bin ich allein
Bin ich froh und kann doch nicht glücklich sein
Du fehlst mir so sehr ist es Liebe?
Es muss Liebe sein denn jede Sekunde
Spüre ich deine Abwesenheit
Das Radio schreit und egal ist mir die Zeit ohne dich.

4

Mein Atem geht, ich lebe und fühle doch nichts mehr
Bin wie gelähmt, stumpfsinnig und leer
Bleib mir nur selbst und der Gedanke an dich
Tage im Dunkel deiner fehlenden Zärtlichkeit
Wo klingt deine Stimme im rauen, tosenden Sturm vor
der Tür? Ich wünsche mich zu dir.

Zeitsteine

Nun fehlst du mir
Kaum ein Zeichen bleibt von dir
In vergangener Zeit entschwindet mir
Erinnerung
Komm zurück!
Ich möchte dich schon wieder spüren
Ich möchte dich fühlen in meiner steten Nähe
Ich will den Glanz in deinen Augen sehen
Wenn ich an deiner Seite gehe
Über deine weichen Haare streichen
Und deine sanfte Haut berühren
Nicht viel Zeit war uns zuletzt geblieben
Um die Steine durch die neue Zeit zu schieben Um
an uns zu denken
Um Geschick in unserm Sinn zu lenken
Vermutlich träumst du ähnlich
Wann war's das letzte Mal?
Die Frage liegt wie Blei auf meiner Zunge
Und drückt mit Pfeifen Luft aus meiner Lunge Es
tut mir weh
Ich liebe dich noch schlimmer
Ich liebe dich und weiß du spürst es immer Der
Wind es zu dir trägt
Und vor dir über die grauen Steine fegt.

Die Anderen und Ich

1

Wann werde ich die Kraft finden?

Wieder zu meinen Idealen zurück zu kehren

Vielleicht heut, vielleicht ist dies der erste Schritt? Ha, wir
wollen darauf trinken

Doch ich kenne mich zu gut

Um nicht immer über mich selbst zu lächeln

Wie schon oft vor dem Spiegel

Die mir selbst gegebenen Treueschwüre

Klingen mir im Ohr

Morgen beginnt ein neuer Tag

Was wird er bringen?

2

Wieder mal hat ein Telefonat mir bewiesen

Was jede Sekunde der Zeit mit sich bringen kann

Unfall und Tod

Wird auch für mich irgendwann und plötzlich

Ein vertanes, verspieltes, nichtsnutziges Leben zu Ende sein?

Oder geht es ewig so weiter?

Ewig!

Oder werde ich mich doch selbst irgendwann finden?

Wo und als was?

Noch immer bin ich auf der Suche nach mir

Vielleicht bin ich aber ganz einfach auch nur der

Den alle anderen in mir sehen

Und vielleicht will ich es bloß nicht wahr haben

Wäre es Selbstmord die Brille einmal ab zu nehmen?

3

Wieder einmal stapfe ich durchs Leben
Und begegne so vielen verschiedenen
Und interessanten
Und liebenswerten anderen Menschen
Doch nur wenige sind wirklich zu durchschauen Sie schau-
spielern vor uns anderen
Und verbergen ihren wahren Charakter
Vielleicht auch vor sich selbst
Nur wenige beeindrucken durch ihre
Beinah vollkommene Kraft
Und innere Schönheit
Die sie oft unabsichtlich ausstrahlen
Nur selten begegnet man einem von ihnen.

4

In den letzten drei Wochen hatte ich das Glück
Eine von jenen zu bewundern
Vielleicht, verzeih mir Schatz
Habe ich mich sogar verliebt
Jene Menschen ziehen die Liebe regelrecht an
Man muss sie einfach lieben
Sie sind unwiderstehlich
Und doch vollkommen unschuldig daran
Ihre Schönheit ist unabhängig von ihrem Äußeren
Sie können hässlich und alt sein
Und würden doch nichts an ihrer
Sie wie ein Zauber umgebenden
Anziehungskraft einbüßen
Die Welt liegt ihnen zu Füßen.

Neue Dinge

Kinder kriegen, Familie Gründen!

Noch klingt es seltsam, doch aus deinem Mund unglaublich

verlockend Du bestimmst was ich denke mein Glück

Ich möchte sein, was du in mir verstehst

Neue Dinge suche ich in mir und, oh Wunder,

finde sie sogar Du gibst mir unsagbare Zuversicht

Dein Sinn ist mein Tun

Ich liebe dich.

Kölner Zeiten

Man verändert sich unweigerlich
Wenn die Zeit vergeht
Aus Vergangenheit wird die neue Zeit und für manches alt
gewohntes wird es dann zu spät
Was einst Heimat war
Ist nun nur noch ein Ausflug
Neue Stadt die lockt, neue Dinge, neue Freunde sind im Aufzug
Schnell ist man nicht mehr wer man war, ist seltener hier als da und
ist zufrieden so
Doch auch dort vergeht die Zeit und es ist schon bald so weit
Was uns weiter treibt.

Ich denk an Dich

Ich fühle Dich mein Schatz
In meinem Herz ein Platz ist immer reserviert
Wo treibst du dich herum?
Es ist um mich so stumm
Was gut tut und doch stört
Du bist mein Wirbelwind
Mal nervig wie ein Kind und doch so lieb, so wie es sich gehört
Du gibst mir Traurigkeit und auch die heitre Zeit
Du gibst mir Kraft und nimmst sie dir so wie es dir gefällt
Du bist so wie du bist
Ich liebe dich mehr als alles andere dieser Welt.

Magie mit uns

Was ist Sinn der Zauberei?

Ich kehre zurück und bin noch frei

Die Magie hält uns gefangen und prägt unseren neuen Stil

Und wir sind wie von Sinnen, spielen dieses neue Spiel

Zauberei hält uns gebannt und drückt uns an die Wand

Bunte Bilder tanzen vor unseren Augen die bald schon nicht mehr

taugen um aus dem Fenster zu sehen

Doch dort ist die wahre Zauberei

An der gehen wir achtlos vorbei

Schüttelt den bösen Zauber ab!

Gedankentor und Sturm

Manchmal
Auch wenn schon lange Totenstille herrschte
Kam der Sturm
Ganz plötzlich!

Es muss kommen
Denn es hat sich zusammengebraut
Die Energie der Blitze
Muss sich in diesem Moment entladen
Nichts kann es aufhalten
Und manchmal fordert es Opfer
Es bahnt sich seinen unwiderstehlichen Weg
Stürme schütteln die Welt
Und ein Schwall von Tränen
Ertränkt alles Leben.

Aber genauso plötzlich ist es fort
Und man hat schon nach wenigen
Augenblicken den Eindruck
Als wäre es nie da gewesen
Wo Lärm herrschte kehrt die Stille zurück
Aus Dunkelheit wird Tag
Ein schwarzer Himmel wird zu Grau
Und verwandelt sich dann
Wie von Zauberhand zu strahlendem Blau
Die Sintflut trocknet aus
Man beginnt zu glauben
Man habe geträumt
Was wirklich war
Gerät schnell in Vergessenheit

Und zählt schon bald zum Reich der Phantasie
Man macht sich selbst was vor
Und gerne tut man das
Die Schäden vergehen
Die Wunden heilen
Der Sturm war nie gewesen
Die neue Stille beruhigt
Sie ist so wie immer
War sie nicht immer?
Nichts könnte die Stille stören
Nichts kann passieren
Es geht uns gut
Uns wird nichts passieren
Uns kann nichts passieren
Bei uns wird sowas nicht passieren!

Stille
Sturm!

Müdigkeit um 11

Sand in den Augen
Falten und erste graue Haare im Spiegel
Was kommt mir in den Sinn?
Ich spiele mal wieder
Den Wettbewerb mit mir selbst
Wer gewinnt?
Ich?
Du?
Meine Gedanken rasen
Und schleichen abwechselnd
Welche Gipfel ?
Kann ich noch erklimmen
Keine mehr
Es ist zu spät heute
Vielleicht kann es aber
Gar nicht spät genug sein?
Ich schreibe nur noch Bla Bla
Das macht die Müdigkeit
Um 11
Ich möchte jetzt lesen
Aber den Kopf
Den interessiert das nicht.

Glassplitter

1
Lege die Füße auf den Küchentisch
Den Bauch noch voll vom Frühstück
um 10 Ich denke müde vor mich hin
Vielleicht an dich mein Spatz
Immer öfter vermisse ich dich.
2
Umfassende Müdigkeit und Schlaffheit
Ein bisschen Einsamkeit
Hält mich gefangen im Tagtraum
Das Radio läuft und Regentropfen
Gleiten unaufhörlich am Fenster herab.
3
Ich möchte den Kopf hinaus halten
In die frische Welt
Um meinen Geist zu benetzen
Glassplitter habe ich im Kopf
Und in den Fingern.
4
Glas, Glas, Glas überall!!!
Das Brot im Toaster springt hoch
Und die Zeitung rutscht vom Stuhl
Es ist dein Stuhl
Auf dem du immer sitzt.
5
Nur selten bewege ich mich
Bald muss ich das ohnehin zu viel
Eben kam dein letzter Brief
Ich hatte auf ihn gehofft
Er gibt mir neuen Mut.

Was ich dir sagen will
1
Neue Böden macht der März
Ein neues Gefühl in der Heimat
Ein frischer Wind im alten Muff
Es war schön und ist nun wiederAber neu, ganz an-
ders schön.
2
Man geht nicht, man gleitet oder schwebt
Aber nicht nur das will ich dir sagen
So vieles was unbedeutend oder nicht
Willst du es überhaupt hören?
Was ich dir sagen will
3
Ein alter Freund ist gestorben!
Unfassbar
Ein fast verwandter ebenfalls
Unglaublich
Depressionen?
Gedanken an den Tod auf der Autobahn mit Freund.
4
Zurück in der Großstadt
Zurück in der Wirklichkeit
Was ich dir sagen muss
Soviel
Wann hörst du mir zu?

5

Siege verblassen davor

Und bringen doch immer mehr Kraft Eindrücke von

der Leinwand

Weit vergangene Illusion

Gemeinsamer Umtrunk

Wiedersehen mit Berlin im Oktober 90

6

Elend und neuer Mut

Für den Freund

Alle fragen mich nach dir

Was ich dir sagen soll

Wusstest du es schon

Dem gebrochenen Arm?

7

Bald genießen sie den Urlaub in deiner Nähe

Was ich dir sagen möchte

Zwei Enten kreuzen meinen Weg

Im Sonnenschein des ersten Wochentags im Frühling

8

Die restliche Woche Regen!

Was ich dir sagen muss

Ich arbeite und arbeite

Und liebe dich den ganzen Tag.

Hitze in der Nacht

Hitze, Schwüle, schwüle Gedanken Matter, müder
Augenschlag
Klebende Hände über der Tastatur Was tu ich nur?
Ich schreibe wieder Hurra!
Endlich eine Geschichte aus der Seele
Doch geboren aus schwarzen, lustvollen Gedanken
Was ist das?
Was ist es?
Ist es in mir?
Es kocht, es brütet, es strahlt, es ist
Die Hitze ist fast unerträglich
Ich möchte nackt sein
Ich möchte fühlen
Ich möchte mich hingeben
Doch ich weiß, wir würden aneinander kleben Darum
sind mir meine Träume lieber
Im Augenblick jedenfalls.

Zwei Schwäne

1

Zwei Schwäne auf dem Strom
Eine ruhige Bucht am Abend
Ein seichter Strom im Mai
Was fließt da einerlei vorbei.

2

Sitze auf einem Stein voll Tang
Und leichte Schiffswellen spielen entlang
Ich weiß die Zeit wird weitergehen.

3

Ich denke an nichts
Ein wenig nur an dich
Doch es zieht hier keine dunkle Wolke auf für mich
Beziehung hält nicht ewiglich.

4

Zwei Schwäne und drei Enten
Zwei Hunde und Besitzer
Tollen am Strand herum
Der Sand färbt sich dunkel durch nasskalte Spritzer.

5

Ist das Wasser sauber?
Wer weiß das schon?
Der Wind weht seicht
Der Abend ist schön ganz ohne Lohn.

6

Eine Brise fährt durch mein Haar
Ein sanftes Streicheln, wie von dir ganz nah
Wo ist mein Gedankenziel?
Ich schwebe fort ganz wunderbar.

7

Dann lass ich mich treiben
Mit dem großen Strom
Und werde es schreiben
In ganz neuem Ton
Mit Glaube und Hohn.
8

Für freie Gedanken!
Hinfort mit dem Schlick
Schiffe kommen und gehen Wellen branden an
Land
Wer mich dort sah noch stehen Hat meinen Ab-
schied erkannt.

Wolkenbruch um 5

Ein Donner in meinem Rücken und über mich
Ein Lichtzucken im Augenwinkel
Und Tonnen von Wasser
Aus den tiefgrauen Wolkenbergen
Der Sommer wie weggefegt
Wäre da nicht diese Schwüle
Frisch ist der Regen
An meinem blauen Cap herab
Doch irgendwie schweben meine Gedanken davon
Menschen huschen an mir vorüber
Ich sehe eine junge Frau
Mit wohlgeformten Brüsten
Unter ihrem durchgeweichten T-Shirt
Der Gedanke, bei diesem Wetter zu lieben,
drängt sich auf
Er erregt mich und ich lächle ihr zu
Wolkenbruch um 5
Als ich abfuhr von dir, dachte ich nicht an Gewitter
Ich ärgerte mich darüber,
dass, das Fußballspiel ins Wasser fallen würde
Mir kam der Gedanke,
die verlorenen Zeit voll zu schreiben
Was sonst?
Pfützen wuchsen inzwischen zu Seen an
Und jede Überquerung beschert mir eine kräftige Dusche
Ich denke an Sex als die Heimat in Sicht kommt
Das Tor quietscht etwas
Der Hund hat irgendwo Schutz gesucht
Und der arme Gemüsehändler stand im Regen
Ich öffne die Tür nach Hause
Wolkenbruch um 5, dachte ich.

Die große Langeweile

Langeweile, du bist süß
Und ich bin zu müde
Um dich zu vertreiben
Meine Gedanken malen
Dein Bild in die Luft
Wenn es auch verpufft
Es ist schön dein Zeichen zu verstehen
Im Gedanken dir beizustehen
Und eine lange Weile mit dir durchs Leben zu gehen.

Liebesdrücken oder was?

1
Der Fernseher läuft schon über 12…
Ein vergangener Tag liegt mir im Bauch
Wie alle Tage vorher
In letzter Zeit
Und vielleicht in nächster Zeit auch.
2
Ist es zu spät für einen neuen Anfang?
Ein Blick, ein Wort, ein Verstehen?
Das neue Kraft weckt
Läuft unsere Zeit dahin?
Oder dämmert sie im Nebel der Missverständnisse?
Können wir neue Kraft schöpfen aus dieser Tiefe?
Oder reißt sie uns unaufhaltsam hinab?

3

Noch immer läuft der Fernseher
Und mein flaues Gefühl bleibt
Ich will es ändern
Etwas versuchen und wagen…
Ich will Neues entdecken über uns…
Ich will verstehen und lernen…
Ich will neu sein für dich
Aber willst auch du es für mich?

Es ist ein neuer Versuch
Unseren Stolz zu überwinden
Wie so oft schon!

4

Aber ich weiß nicht, ob es jemals gelingen wird
Eine so alte, dicke Haut abzulegen
Kann aus dem Drachen ein guter Drachen werden?
Ich möchte dich lieben
Doch vielleicht ist schon die Schwere dieses Gefühls mein Fluch.

5

Selbst wenn es mich mein Glück kostet
So wird ich doch daran gewinnen
Oder das Leben ist noch schwerer zu bestehen
Als es mir heute schon erscheint.

Neue Bilder in den Tag

1

Habe vielleicht zum ersten Mal verstanden
Dass meine Gefühle kollektive Gefühle sind
Es war ein tiefes geistiges Verstehen
Und es beschäftigt mich auch heute Morgen noch.

2

Ich denke viele junge Männer empfinden die gleiche Melancholie im Kopf
Viele teilen gleich Erfahrungen
Viele sehnen sich nach Liebe
Und scheuen doch mehr und mehr, mit der verstreichenden Zeit ihres
Lebens, die leidvollen Wege
Mehr und mehr versinken sie in Trostlosigkeit
Viele verdammen ihre Sehnsüchte und geben sich doch in einsamen
Stunden ihnen hin.

3

Viele zerfließen innerlich in ihren Tränen, die aus tausend Wunden quellen
Und ihre Haut spannt sich nach Außen und stößt sie ab
Viele verwirren sich in den eigenen Gefühlen, verlieben sich in diese und
lassen unbewusst keine neuen Empfindungen mehr zu
Viele verlieren den Glauben an die eigene Kraft, denn sie messen sich an
Idealen von außen, was ihre Seele zerstört.

4

Sie sind Kinder unserer Welt und sie gehen uns verloren
Weil sie den Kampf aufgegeben haben, aber auch weil niemand sie so
wahrnimmt wie sie sind!
Alle sehen nur sich selbst und fürchten den Blick zum Nachbarn
Und weil sie sich selbst anpassen wollen, zerrt sie ihr verlorenes Ich in
den Untergrund.

5
Jeder kann nur als er selbst existieren und nichts anderes, künstliches ist
besser als das!
Jeder ist auf der Suche nach Liebe, die der Schlüssel ist zum Sein
Doch damit jeder sie finden kann, muss sie auch jeder geben können
Sie ist überall!
Wie auch die Sehnsucht nach ihr
Öffnet die Augen meine Freunde, dann bringt euch der neue Tag auch neue
Bilder.

Ich???

Was bin ich?

Wie wird ich?

Was war ich?

Ich bin was?

Ich wird was gewesen sein?

Lange hat es gedauert

Kann ich es heute verstehen?

Kann ich mich verstehen?

Empfinde ich mich bewusst?

Bin ich Ich, so wie ich mich sehe?

Wie sehe ich mich?

Wie versteh ich mich?

Bin ich mein Spiegelbild?

Es wechselt beinah jeden Tag

Es gibt mich so viele Male und so unterschiedlich

Welcher davon bin ich?

Welcher will ich sein?

Einige meiner Bilder will ich nicht sein

Aber vielleicht bin ich gerade darunter?

Weiß ich es jemals?

Was bin ich?

Was ist der Mensch in mir?

Ich will es sein

Will ich Ich sein?

Ich will sein wie ich!

Sein will ich

Bin ich?

Sommer im Herzen

1

Sommer im Herzen
Liebe im Sinn
Alles im Leben zieht zu dir hin
Es geht mir gut und nicht nur jetzt
Denke an Zärtlichkeit an dich
Bin nicht mehr verletzt
2
Keine trübe Wolke hängt mir mehr im Sinn
Kein Klos mehr im Hals
Kein Dorn mehr im Herzen
Da wohnst du sicher drin
Wie frischer Wind erklingt mir dein Scherzen
Dein Zauberlachen hoher Klang
Fegt hinweg alle Schmerzen.
3
Wie neu geboren bin ich seit Tagen
Was hast du bloß mit mir und dir gemacht?
Dass wir uns wieder so gut vertragen
Es ist so schön bei dir zu sein
Zu spüren deine Nähe
In mein Herz scheint deine Sonne rein
Wohin ich jetzt auch gehe
Und auch erst jetzt weiß ich genau
Was ich so sehr gehofft so oft
Du bist wirklich meine Frau.

Willy ist tot!

Ein großer Mann ist tot
Doch sein Geist lebt weiter□
Wut wirbelt mit aller Kraft in meinen Gedanken
Ohnmacht schnürt mir den Magen zu
Angst verschafft mir Gänsehaut
Was wird aus Deutschland?
Dass er zurück ließ in schwerer Zeit
Doch wenn einer das Recht hatte zu gehen
Sein verdiente Ruhe zu erlangen
Nach langem Kampf
Dann Er
Er lässt uns zurück in unserem Kampf um Glück
Seine letzten Atemzüge noch für Deutschland
Lassen uns die Gewissheit über seinen ehrenhaften Kampf
Der nun unser Kampf geworden ist
Unsere Lehrjahre sind vorüber und so lebt Willy weiter in uns
Ich danke dir
Der du unbewusst wie bewusst uns alle geprägt hast
Nicht immer im Spiegel unserer Sympathie
Nicht immer erkannt
Bis heute nicht richtig gekannt
Und doch uns in tiefster Seele verwandt
Ich danke dir
Auch für alle jene die zu verblendet sind
Um dich und deine Leistungen zu achten
Auch ich lag bisweilen in Zweifel
Dafür entschuldige meine Unwissenheit
Ich weiß du würdest darüber nur gutmütig lachen
Willy, dein letzter Herbst ist unser Frühling
Doch werden wir als Menschen aus dem Winter kommen?
Du gabst uns auch, durch deinen Zeichen setzenden Tod, die Kraft zurück
Willy, vergessen werden wir dich nie.

Gegen Ende des Jahres im Spiegel

Was ist der Spiegel?
Was sieht man darin?
Den ganzen Tag
Oft, zu oft schaut man hinein
Und von der verkehrten Seite aus hinaus
Man erblickt sich selbst
Und immer wieder fühlt man sich auch erblickt
Man erkennt sich oder man ist gewillt es zu tun
So wie der Schein es vorgibt
Ob gut oder schlecht
Nur die Zeit verändert was man außen sieht
Doch immer geht der Geist mit der Zeit
Denn er ist es der unsere Wünsche in unsere Wahrnehmung
verwandelt
Der er ist es der durch die Zeit hindurch unser Bild produziert
Ob gut oder schlecht
Erst wenn unser Geist versagt
Zerfällt unser Bild im Spiegel wirklich
Und uns fällt vielleicht wie Staub von den Augen
Was sie durch die Zeit unseres Lebens trübte
Ob gut oder schlecht
Erst dann sind wir echt.

Finger auf der Tastatur

Zu wenig Zeit im Jahr
Zu wenig Zeit für Zweifel
Zu wenig Zeit für offene Gedanken
Zu wenig Zeit in mir und auch um mich herum
Doch ist nicht erst die Inspiration nötig um zu bestehen?
Welcher Gott gibt den Menschen die Kraft?
Etwas besonders zu tun
Etwas besonders zu sein
Welche Menschen sind ausersehen zum Glück?
Was ist es das wir für das Besondere halten?
Was macht es aus auf unserer Welt?
Wer findet immer das Glück zuerst?
Wer findet es überhaupt?
Sind es die Soldaten die kämpfen wollen?
Sind es die Studenten die wissen wollen?
Sind es die Herren die herrschen wollen?
Sind es die Frauen die gebären wollen?
Sind es die Penner die ruhen wollen?
Sind es die Denker die denken wollen?
Sind es die Mütter die ihre Kinder erziehen wollen?
Sind es die Schüler die nicht lernen wollen?
Sind es die Dichter die dichten wollen?
Sind das alle die nicht genannt werden wollen?
Gibt es das Glück nach dem wir suchen?
Oder ist alles bloß Illusion?
So sind auch heute meine Finger auf der Tastatur
Doch von der Lösung des Problems noch keine Spur.

Sein

Wer den Glauben aus der Liebe schöpft
Der schöpft die Kraft zu existieren
Wer jedoch den Glauben mit aller Kraft gegen die Reaktion stemmt
Der vergisst zu lieben
Und irgendwann wird er auch vergessen zu existieren
Liebe
Glaube
Furcht
Verrat!
Die Suche der Menschen nach Macht
Bedingt ihre Sehnsucht nach Schutz vor der selben
Wie kann das sein?

TAPATA

Ta
Tapata
Tapataputa
Ta!
Es brennt wie Feuer in mir
Tapa
Tapa
Ta!
Taaaaaaaaaaaaaa!
Liebe ist es
Liebe die brennt
Laß heraus was auch dich
bedrückt
Kämpf nicht dagegen an
Denn das Feuer kann nur
im Feuer vergehen Tapata
Ta
Ta
Tapata!
Zeig mir dein Herz
Ist es nicht wie meines?
So laß ich dich gehen
Tapa, ta, ta, ta
Taaaaaaaaaaaaaa!

Liebe ist

Liebe ist
In der Lage zu sein
Sich in die Lage des anderen versetzen zu können
Darum verstehe ich,
dass du all die Dinge anders verstehst als ich
Liebe ist auch
Sich verstehen zu wollen
Auch wenn etwas ganz unverständlich scheint
Liebe ist aber auch
Verständnis spüren zu lassen
Das Wärme entsteht die Kraft verleiht
Liebe ist
Wenn Verstehen zu Verstehen führt.

Du fehlst mir

Kleiner Schwan
Ich denk an dich
Alle meine Gedanken kreisen um dich
Wo bist du?
Geht es dir gut?
Es wäre schön zu wissen das es dir gut geht
Auch wenn du weit weg von mir bist
Und doch auch
Wenn ich selbst den ganzen langen Tag
All diese Tage mit tausend anderen Dingen beschäftigt bin
So finden meine Gedanken doch immer wieder dein Herz
Du fehlst mir
Ich sehne mich nach deiner Zärtlichkeit
Und dem weichen Klang deiner Stimme
Doch in meinem Herzen klingt sie auch so für immer
Wo du auch bist
Kleiner Schwan.

Ein Jahr

1

Wunderbare Zeit

Großer Krach

Deine Zärtlichkeit

Dein Frost

Dein glühendes Verlangen weniger und weniger

Dein Widerwille

Deine Kraft

Meine Schwäche.

2

Deine Gedankenlosigkeit

Immer wieder

Du hast es nie gelernt

Du hinterfragst nicht

Und schlägst tiefe Wunden

Aber die Revanche stößt dir auf

Noch hoffe ich

3

Ich liebe dich

So glaube ich

Dein Schmerz schmerzt auch mich

Doch du verstehst es nicht

Dein Schatten ist noch zu hoch für dich.

Was ist die Liebe?

Du weißt es nicht

So oft versuch ich dich

Doch hörst du auch zu?

4

Noch bist du nicht bereit
In deiner Unbeweglichkeit
In der unsere Liebe vergeht
Bald ist es zu spät
Ich liebe dich so sehr
Doch spiele nicht ewig mit mir
Denn der Schmerz ist mehr
Wo ist dein Gefühl?
Wo ist deine Schranke?

5

Ich liebe dich so sehr
Doch nicht endlos so scheint es mir immer mehr
Mach dich frei im Sinn
Das wäre nur dein Gewinn
Denn sonst gehört die Freiheit mir
Und du bleibst alleine hier.

Gute Phasen

Liebe kann überwinden
Doch nur wenn sie über der Selbstbefriedigung steht
Du speist mich ab mit deinen guten Phasen
Das ist nicht genug!!!
Du bist betroffen
Wenn ich zurück schlage
Aber wer liebt
Der hält hier die Waage
Irgendwann ist meine Leidenskraft erschöpft
Du sagst, dass du Ruhe brauchst
Aber du bist es selbst die, die Ruhe verliert
Gerne lasse ich sie mir nehmen, denn ich liebe dich eben
Und werde dich darum nie verletzen wollen
Aber was machst du?
Ich flehe dich an, gehe in dich!

Die Angst im Bauch 92

1

(Mein) Leben / Liebe / Hass
ICH!!!
Was bin ich?
Was liebe ich?
Wie kann ich meine Gefühle kontrollieren?
Wie liebe ich?
Wie mache ich mich selbst kaputt?
2

Ich zerstöre mich selbst
Ich möchte es herausschreien!
Bist DU es?
Zwischen Lethargie
Und Hysterie
Zwischen Phantasie
Und Wirklichkeit
3

Verstehe ich dich noch?
Verstehen WIR uns noch?
Musst du dich ändern?
Kann ich meine Gedanken ändern?
Meine Gefühle?
Betrüge ich mich selbst?
Meiner Liebe zu dir ist eine einzige Frage geblieben:
SIND WIR WIE ALLE?

4

Ist das, das Leben?
Ich fresse es in mich hinein
Aus Angst vor der Enttäuschung
Ich will nicht dass du mich verlässt
Ich will dich nicht verlassen
Aber welche Wahl bleibt meinen verletzten Gefühlen
Außer der Flucht

5

Ist das alles nicht wahr?
Spielen mir meine bloßen Nerven
Diesen schelmischen Streich
Immer wieder
Liebst du mich noch?
Dann lasse es mich spüren!
Ich weiß es nicht mehr
Denn deine Gedanken hältst du verborgen vor mir
Es bleibt die Angst im Bauch.

Hallo Du !!!

Ich brauche dich mehr denn je

Auch wenn ich meine Gefühle

(Weil du es so wolltest!)

verdränge

Ach wenn ich, wenn ich ehrlich bin

Schon beinah nicht mehr weiß Wie
du dich anfühlst So ist doch tief in
dir drin

Ein Sehnen nach dir

Eine Sehnsucht nach etwas

Was nur du mir gibst

Ohne das ich es erklären könnte

Was mir jetzt fehlt

Ich bin so allein ohne dich

Und kalt ist es um mein Herz

Obwohl es mir gut geht.

Arbeitszeit

Die Uhr tickt unüberhörbar
Ich lächle in mich hinein
Und spüre zugleich in jedem Glied die Müdigkeit
Wieder einmal nach langer Zeit
Erfahre ich was Arbeit ist
Die Zeit scheint endlos in der Fabrik
Es ist mir, als wäre ich schon immer da gewesen
Man verliert das Bewusstsein
Man ist nicht mehr Mensch sondern Maschine
Die Zeit gleitet an einem vorüber
Und schleicht in die müden Glieder
Und der Gongschlag zum Feierabend
Wirkt wie ein Holzhammer
Der einen aus der Narkose reißt
Wie Phönix aus der Asche
Taucht man dann aus dem Untergrund der Fa-
brikhallen empor Ins gleißende Sonnenlicht des
Draußen
Die Zeit ist vorüber und scheint verloren.

Neuer Frühling

Frühling in der Nacht
Weit weg von dir
Noch immer wie zuvor erwacht
Doch im Gedanken
Im Bauch bist du bei mir
Am frühen Morgen um Zwei
Wie wird unser Wiedersehen
Deine Worte trafen wie Pfeile
Doch das tun sie immer
Und fliegen nie vorbei
Ich sollte nichts anderes erwar-
ten
Dann ging es mir besser
Bestimmt
Ich mache mir wie immer was
vor
Wofür ich keine Lösung finde
Egal ob Frühling oder sonst
was
Dein Hammer in meinem Kopf
steht nie still Vielleicht ist die-
ser Frühling wirklich neu?
Wenn ich es wirklich will.

Der Pfad zum See

1

Wie jeden Tag den Pfad ich geh
Den mein Herz so oft geschlagen
Doch mit jedem Tag ist dieser Weg
Ein Pfad von neuen Plagen
Was einst nur Halme waren
Vom Sturm der Liebe leicht hinweg gefegt
Sind heute hohe Bäume
Und jeden Tag entsteht ein neuer Spross.

2

Die Schneide meines Herzens
Einst von Glück geschärft
Verbraucht sich nun von Tag zu Tag
Ohne das ich es ändern mag
Einst lief ich leichten Fußes auf breitem, freiem Pfad zum See
Doch heute ist ein jeder Schritt voraus ein Kampf
Und oft die Orientierung ich verlier
Denn niemals mehr erschallt von dort ein Ruf von dir.

3

Und hab ich erschöpft das Ufer doch erreicht
Scheinbar am Ende aller Plagen
Und mit Freude im Herzen dich zu sehen
Dann bleibe ich nun oft den ganzen Tag alleine davor stehen
Vergebens warte ich verloren auf die Königin im See
Wie jene Insel in der Mitte des Wassers
Verschwimmt dein Bild mehr und mehr
Mein Herz sagt leis: »Ade«.

Lüge im Herzen

1

Tief sitzt die Erinnerung
Tief sitzt der Schmerz
Nichts ist vergessen
Nichts ist verstanden
Warum können zwei Menschen die sich lieben nicht auch lernen
einander zu verstehen?
Warum muss alles zur Gewohnheit werden?
Warum friert das Herz bei strahlendem Sonnenschein ein?

2

Tief im Leben

Tief im Sterben

Tief im Glauben

Tief im Herzen

Muss für all dies ein Sinn vergraben sein

ABER WO?

Wo findet man das wahre Glück?

Wo wenigstens ein kleines Stück davon?

3

Verdammte Lüge im Herzen

Die uns immer wieder dieses Glück vorspielt

Die immer neuen Zauber erschafft

Der nach kurzer Zeit schon verblasst.

Verdammte Lüge du bist mir verhasst.

Letztes Schwanenlied

1

Ein Hauch von Wind die Farne streift

Von dort Geschnatter aus der Ferne

Das Schiff sich wiegt im Wellenkreis

Im Gefieder spürt er's gerne.

2

Der Schall mit erstem Sonnenstrahl

Hallt bis in tiefen Wald hinein

Dort mischt er sich mit tausend Klängen

Und hunderten Geschöpf Gesängen.

3

Doch einer klingt ihm wie ein Ruf

Und wunderbarer Morgengruß

Er weckt ihn auf aus seinem Stand

Denn diesen Laut er glaubt erkannt.

4

Sein Herz beginnt zu pochen schnell
Die Hoffnung ist sein Freudenquell
Und als er sich empor dann schwingt
Sonne schon den Wald durchdringt.

5

Zunächst ein Flug zum Kronenmeer
Mit Morgentau im Federkleid
Entgegen jetzt dem Strahlenspeer
Und schon ist er für sie bereit.

6

Es geht hinab in ihren Wald
Dort wo ihr See als Tempel galt
Doch lange schon er ist verweist
Die Königin sie ist verreist.

7

Seitdem kein Tag vergeht
Das er am See nicht Kreise dreht
Nun ist er wieder mal sein Ziel
Im Morgenwind er zwitschert viel.

8

Im Flug sein Herz voraus ihm springt
Er taumelt wie ein Vogelkind
Und jeder der ihn eilen sieht, mit Pelz, mit Schnabel oder Huf
Erwidert wissend seinen Ruf.

9

Nichts hält ihn auf, kein Baum, kein dichter Busch
Kein Schnabelräuber noch Tatzen Tier ihn fängt
Mit stolzem Siegesschrei, am letzten Ast vorbei,
auf blaues Meer sein Herz ihn drängt
Doch Stille um ihn her
Der See ist leer!

Letzter Lösungsversuch oder die Fortsetzung der Angst im Bauch

Alles in deinen Gedanken ist anders, ist fremd!
Ist so unbegreiflich für mich
Wieso ist das so?
Oh Gott wieso?
Warum ist es so schwer zu lieben?
Warum machen wir es uns selbst so schwer?
Warum kann ich nicht ein solcher Kühlschrank sein wie du?
Oder täusche ich mich?
Ich weiß das ich nichts weiß
Ich neige dazu kläglich zu werden
Aber woher soll ich die Stärke nehmen?
Wenn deine Liebe sie mir nicht mehr gibt
Kurz vor einem Neubeginn?
Aber vermutlich beginne ich alleine, mal wieder!
Ich möchte dich wie du bist
Aber da du nicht dazu bereit bist
Bedeutet das für mich die totale Anpassung
Das wäre der Tod aller meiner Ideale
Aller meiner freien Gedanken
Es wäre mein Tod
Willst du das?
Bist du so gedankenlos, so ichbezogen?
Ich schätze ich werde allmählich verrückt
Liebe ist die Einsicht auf einen Teil des beanspruchten Platzes, in allen Bereichen des gemeinsamen Lebens, praktisch wie gedanklich, zugunsten des andern zu verzichten
Jemanden lieben heißt:
AKZEPTIEREN!
Jemanden vor sich selbst in allen Bereichen zu emanzipieren
Gleichberechtigung zugestehen
Aber nicht mehr
Das ist das ganze Geheimnis.

Tage lang

1
Tage lang zieh ich durchs Revier
Gedanken folgen mir
Atme in den Morgennebel
Ein immer neues Bild von dir.
2
Der Tau nässt meine Kleider
Der Regen mein Gesicht
Soll ich dich nun lieben
Oder soll ich es nicht.
3
Zuhause da vergeht die Zeit
Hält Veränderung Gericht
War niemals mehr als jetzt soweit
Wo keine Freiheit mehr in Sicht.
4
Vom Alltag bist du meine Kur
Ich kämpf um deine Liebe sehr
Und ruf über die Schulter nur
Dass ich zurück komm nimmermehr.
5
Du gibst der neuen Freiheit Lauf
Und stehst für neues Glück
So steig auf die Maschine auf
Und fahr mit mir ein Stück.
6
Und kommt der Sonne Untergang
Das alte Licht vergeht
Wir fahren fort für immer dann
Für Umkehr ist's zu spät.

Schöner Tag

Ich   fliege
Ich   fliege
Ja ich fliege
In eine neue freie Welt
Schön deine Stimme zu hören
Schön zu glauben, dass du an mich denkst
Schöne Musik
Wunderbarer Traum
Ich mag deine Stimme am Telefon
Ich möchte dir ein paar Zeilen schreiben
Ich möchte meine Gefühle neue erfahren
Ich weiß noch nicht was ich will
Vielleicht dich?

Verrückte Zeit

Neuheit
Karussell im Kopf
Wege kreuzen sich
Keiner weiß wohin
Keiner weiß wozu
Gemeinsamkeit?
Vielleicht
Wie geht es weiter?
Ich wandere in neuen Welten
Mit hübschen Blumen am Weg
Und verführerischen Düften
Aber Arbeit, Arbeit, Arbeit
Leben
Ich lebe wieder!
In dieser verrückten Zeit.

Altes Papier

Ein Anfang im alten Revier

Ein Anbranden von Stolz abzuwehren um zu neuem Sinn zu finden

Ein neuer Versuch auf altem Papier

Den Weg zurück zu sehen und zu verstehen gehört dazu

Den alten verschlungenen und heute so manchmal wundersamen

Pfaden zu folgen im Gedanken

Da trifft man auf alte Wunden

Der Hauch der Vergangenheit berührt aber inspiriert auch

Hinein in die Zukunft, den Fortschritt zu verkünden ist bedeutsam

Jede gezogene Lehre ist ein erster Schritt hinaus

Es ist ein Wagnis, doch ich will voraus

Alte Schrift lässt mich schmunzeln

Alter Verstand ärgert mich sehr

Doch wird ich einst die Stirne runzeln, über diese Zeilen hier?

Was damals mir wahr war, ist auch heute noch tief in mir

Ein Baustein meines Seins

Und am Beginn aller Dinge

Bin ich auch heute noch, wenn auch auf immer neuem Papier.

Neuanfang

Manchmal ist ein Wort genug

Manchmal sind zu viele nicht gut

Ich will zu viele!

Was nicht im Gedanken, lässt sich schlecht formulieren

Denn im Kopf gibt es Schranken

Der Juni ist nicht schlecht für den Anfang eines neuen Kapitels.

Endlich Sommer

Ganz langsam schleppt es sich dahin Das Gefühl, die ersehnte Stimmung
Manchmal wagte sich zuvor schon ein Sonnenstrahl hervor, doch verging
Manchmal auch einen kurzen Gedanken gewagt, voraus geschickt an das befreiende Licht
Und dann vom Stress erdrückt
Fest im Griff, die Gedanken konzentriert
Die Tage vor mir her getrieben
Ohne Sinn und mit Druck voran zum Irgendwann
Irgendwann muss Sommer sein
Irgendwann nur noch das Licht am Horizont
Irgendwann die Dunkelheit durchbrechen
Die dann doch mit einem Stoß verschwand
Endlich Sommer, endlich Luft im Hirn
Und nicht nur noch Verstand
Langsam, wie durch zähen Sand
Krampfhaft wie ein hoffnungsloser Schwimmer ohne Land
Nur im Inneren glüht ein Schimmer
Voller Kraft und hält wie immer
Auch dem schlimmsten Sturme stand
Endlich Sommer, meint endlich Frieden, das meint Waffenstillstand mit dem eigenen Verstand
Doch was Ich bin (ist) bleibt zurück und schreitet neu voran
Ist doch mit mir, der ich zuvor noch war, nicht mehr verwandt
Und was hier geschah ist allen offenbar
Und wird doch nur von wenigen erkannt
Was alle jedoch sehen, ist allen klar, der Sommer der ist da.

Gefühl und Qual

Es braucht nur einen kurzen Blick
Schon ist der Funke da
Der Sommer, die heiße Zeit mach ganz verrückt in seiner Nacktheit
Erregung staut sich auf und sucht sich ein Ventil
Die Großmutter verkauft, wer dem Gefühl verfiel
Es ist nicht möglich zu entrinnen
Zumal es süchtig macht
In schöner Fantasie zu schwimmen, bei Tag und auch bei Nacht
Allein die Furcht den bösen Dämon hält
Dem man doch unaufhaltsam mehr und mehr verfällt
Nichts hilft außer Befriedigung
Und das auch nur bis es vorbei
Nichts zählt außer Erniedrigung ob so oder so für Geld
Es bleibt ein Kampf ein ganzes Leben lang und Mut und Kraft sind
nicht unendlich da
Jeder für sich, was doch bedeutet, dass wir aneinander stoßen und in
die Augen schauen
Auf diesem kurzen Pfad ein Funke balanciert, was ist ein immer
neuer Start, das Du und Du sich akzeptiert
Milde die Wut verdrängt
Liebe sich zwischen Hass und Eifersucht zwängt
Und dein Verlangen sich im Kanal zum Miteinander verfängt.

Tausendmal ja

Tausendmal ja!
Ich liebe dich
Möchte es von mir schreien Tausendmal ja!
Gehöre dir
Flüstere es leise in mich rein Du bist mal wieder fort Doch es
ist nicht schlimm
Denn tief ist dein Bild Vergraben in meinem Herzen drin
Ich spüre dich wann ich es will
Und höre deine Stimme immer fort
Verfolge dabei doch mein eigenes Spiel
Und du das deine an einem anderen fernen Ort
Wo du auch bist, du wirst vermisst, denn so muss es auch sein
Doch still und ruhig, ohne Tamtam, will ich es diesmal tragen
Nur dieses Buch soll allen die es hören wollen sagen
Dass meine Sehnsucht zwar für jetzt verdrängt
Doch immer in mir weiter brennt.

Wohin?

Was tun?
Der Sommer findet mich zerrissener den je
Eigentlich fühle ich mich gut und sollte ausgeglichen sein und
wissen was ich will
Aber was tun?
Arbeit oder nicht?
Schreiben oder nicht?
Und wenn worüber?
Getrennt von dir, weiß ich nichts sinnvolles mit mir anzufangen
Lediglich kurzzeitig kann ich mich befriedigen
Mein Geist bleibt unausgefüllt
Keine Herausforderung steht vor der Tür Urlaub und wohin?
Studium und was tun?
Sinnen über den Sinn.

Sterne, Träume, Schäume

Dieses Tagebuch sammelt meine Gedanken
Es ist wie ein roter Faden durch mein Leben
Doch ist dieser oft verknotet, schlägt Wellen oder geht ganz verloren
im Strudel der Ereignisse
Kein echtes Tagebuch sondern ein Buch der Gedanken
Lügen und Wahrheit hinter den Worten und Fantasie und
Wirklichkeit hinter den Augen
Ich und Er auf Papier!
Das Drachenbuch,
gut wie böse,
schön und obszön,
verdammt und erleuchtet, erhoben und versunken, wiederbelebt und
ertrunken
Begleiter schwieriger Wege

Glaube und Heiligtum
Kunst ohne Ruhm
Arbeit ohne Lohn
Im stillen und lauten Ton!!!
Heller Stern in der Nacht voller böser Träume
Goldener Schatz in tiefer Gruft
Wanderstab im Sumpf der Schäume
Und frischer Strahl in schlechter Luft
Buch der Gedanken, du meine unsterbliche Stimme.

Nanu Sommer!

Tage vergehen
Wolken und Sonne
Urlaub zu sehen!
Du treibst dich herum
Zu dumm
Ich vertrödle die Zeit ohne dich
Denkst nicht an mich
Was schmerzt
Doch gewöhne mich daran
Übergehe es selbstbewusst
Du ärgerst dich über meine Faulheit
Ich fürchte mich vor deinem kleinen Zorn
Und lache doch für mich ins Horn
Möchte so gerne was sinnvolles tun
Weiß zwar was, doch fehlt mir der Antrieb
Schöne Ferien Cousin
Ab nach Afrika!
Bald mein Schatz, hast du Geburtstag!

Was denke ich mir aus?
Weiß es noch nicht
Kehre erst einmal zurück nach der Stadt
Sommer ist überall, doch schöner mit dir.

Hallo Buch!

Lange schon pflege ich meine Talent

Wenn es denn existiert?

Ich zaudere zur Zeit

Die mir ohnehin fehlt

Oder fehlt nur der Entschluss?

Die Kraft fehlt mir

Du saugst sie auf

Der Mut, die Energie und auch vielleicht die Strategie ging mir
verloren

Weiß nicht wohin

Tausend Gedanken, ein Buch im Sinn

Doch noch nicht auf Papier

Zweifel brachtest auch du

Doch irgendwann werde ich zurückfinden

Zu mir und meiner Stärke

Denn ich weiß mein Platz ist hier.

Weiß was ich weiß

Ich fühl mich leichter seit letzten Mittwoch!
Noch nicht immer
Dein herber Schlag gegen meine Männlichkeit
Befreite doch den Satan, der meine Seele aufzufressen begann
Schon längst wusste ich es
Doch die Angst dich zu verlieren schnürte mir die Kehle zu
Jetzt weiß ich, du liebst mich
Meine Augen sehen nicht mehr den quälenden Geist in dir
Und ich glaube nun zu verstehen, wie auch du fähig bist zu lernen
Ich lerne noch, aber ich glaube wir haben endlich eine gemeinsame
Basis, die nicht nur vorgespielt ist.
Komm zurück zu mir!

Schöner Garten vom Balkon

Frischer Wind

Hier steh ich schon

Denk an dich zu viel

Wie ein Kind im Mutterspiel

Meine Gedanken finden zur Klarheit noch nicht zurück

Doch ich hoffe, es ist nur noch ein kurzes Stück

Kälte durchfährt mich nur äußerlich

Im Inneren drin, liegt mein Sinn bei dir

Auch wenn du es nicht verstehst

Bruch.

Das Leben flackert für Sekunden

Nervenspiel

Lebenswende wohin?

Ernste Sache in welchen Händen?

Bewusstsein?

Tat und Schuldgefühl

Mut und Verzweiflungsspiel

Kribbeln im Bauch hin zur nackten Furcht

Wovor?

Vor den Blicken aus der neidischen Schlange

Hass auf alle Glücklicheren

Selbstzucht und Schelte

Gewissensbisse über Nacht

Nervenflattern nicht zu zähmen

Keine Hilfe, nur Konfrontation hilft

Offenbarung um Neun

Sekunden später tauch die eigene Welt aus dem Dunkel

Voller Hohn aber mit Diplom.

Was nun?

Gedanken voller Albernheit

Neue Zeit vor Horizont

Noch nicht klar, doch nicht mehr
weit

Neue Ziele, neue Front

Gedanken, Wissen, Tun

Hoffen, Glauben, Ruhen

Missen, Wollen, Werden

Träumen, Wünschen, Sterben

Sommer voller Einsamkeit

Neue Wege endlos weit

Jahre bleiben kühl zurück

Hin zur Zukunft fehlt nur noch ein
kleines, kleines Stück.

Rosenzeit

Noch glüht ein heißer Stein in mir
Ein Stück des Lebens auch von dir
Ein letztes Mal mein Herz vertraut

Deinen Namen nennt

Doch längst bist du nur noch ein
böser Spuk

Der tief in meiner Seele wie in
ewigem Feuer brennt

Aus dieser Asche steigt, mit Freu-
de fühle ich es

Schon seit Tagen

Mein Gefühl wie neu geboren her-
vor

Das Leben entsteht neu, wie eine
Pracht von Blumen in jedem Mai
Schöner noch, wunderbarer, inten-
siver

Als wie mir scheint je zuvor

Meine Augen beginnen zu sehen

Wofür ich lange blind

Meine Nase riecht erleichtert, je-
des weibliche Wesen,

gegen jeden Wind

Und mein Gefühl kehrt mit Über-
macht zurück in meinen Schoß
Umgeben bin ich nun von tausend
neuen Rosen

Hinaus zu gehen brauche ich bloß,
sie zu brechen und zu liebkosen.

Warum?

Der Schmerz war stark und unermesslich tief
Ein mehr und mehr von stummen Schreien aus meiner gequälten
Seele rief: »Warum???!!!«
Wie kann ein Mensch so ohne Gnade töten, was er da einst geliebt?
Wie kann im Alltag so leicht sterben, wenn man sich Mühe gibt?
Wie kann mit einem Wort der andere aus den Gedanken gefegt
und?
Es gibt mir so viel Lehre
Wo bleibt hier ein höheres Prinzip?
Wo bleibt die Menschlichkeit?
Wer Liebe so missbraucht und hintergeht, kann selbst nicht fähig
sein zu lieben
Tränen verhieß ich zu deinem Tod, denn gestorben ist dein letzter
Funke Mensch
Wer nach kurzer Zeit aus Liebe Langeweile werden lässt und nicht
versucht den anderen zu verstehen
Wer nicht für einander,
sondern nur für sich siegen will im Leben,
der wird an sich vergehen und dabei doch alle seine Opfer überle-
ben müssen.

Lieber neuer kostbarer Gedanke an die Liebe

Ich möchte dich fesseln und halten
Du kostbarer Tropfen auf meiner Seele
Verliebt bin ich erneut!
Ebenholz Schwarz ist dein Haar
Gleichmäßig schön deine Züge
Wundervoll fest deine noch verborgenen Brüste
Und köstlich süß der Gedanke an das Zentrum deiner Schenkel
Oh Rose meiner Träume
Ich begehre deine Liebe
Noch zweifelnd an mir selbst
Doch mehr und mehr mit aller Kraft Denkst auch du ein wenig
an mich?

Kurzer französischer Himmel

Deine Augen sagten: »Ich bleibe«

Doch du fuhrst davon

Noch keine Nachricht seit Tagen

Du wunderbare Fee aus fernem Land

Gabst mir den Glauben zurück

Doch weg bist du in die Sterne

Denkst du noch an mich?

Sehr schade, dass unsere Zeit zu spät kam

Schicksal eines kurzen französischen Himmels auf Erden.

1994

Die Meeresbraut

Es war ein stürmisch kalter Tag
Als sie auf einer Klippe lag
Den schönen Körper pudelnass
Den Blick zum Meer den Tag vergaß
Ihr langes golden glänzend Haar
Nur noch ein festes Bündel war.

Der Abendsonne letzte Lust
Ließ silbern glänzen ihre Brust
Der bloße Felsen unter ihr
Hob sie heraus aus dem Getier
Und weites Meer im Abendglanz
War Zeuge eines Möwentanz.

Sie sangen für die Meeresbraut
Wo Brandung schluckte jeden Laut
Kein Zeuge sonst dem Strande nah
Den Zauber dieses Abends sah
Sie hob die Lieder bloß ein Stück
Und konnte fassen kaum ihr Glück.

Ein alter Traum er wurde wahr
Statt Flossen waren Schenkel da
Nur einen Augenblick zu lang verweilt
Schon hatte sie der Spuk ereilt
Vorbei war nun die Märchenzeit
Es blieb zurück ein Kind der Wirklichkeit.

Vergessen alle Warnung gar
Sie fand das Menschsein wunderbar
Die Beine schwang sie stolz im Lauf
Und kletterte den Berg hinauf
Dort oben war ein Lichterschein
Das mussten andere Menschen sein.

Beglückt sie auf die Straße springt
Als sie im Lichtschein schon ertrinkt
Die Reifen quietschen im Profil
Doch allzu nah war dieses Ziel
Der Fahrer dachte: „Einerlei“
Und fuhr das Tier einfach zu Brei.

Die Silberschuh

1
Ein König war in seinem Land
Kein besser Mensch nur mehr bekannt
Auch konnte er nicht ewig leben
Wohl aber danach ewig streben
Doch ist noch jeder stets erbleicht
Und keiner hat das Ziel erreicht
Der König jedoch hört man sagen
Die Sache wollt ihn ewig plagen
So ließ er dann um das zu klären
Drei Weise seinen Hof beehren
Nach sieben Tagen ohne Brot
Sie gaben Antwort ihm aus Not
Das ew'ge Leben solle ruhen
In Gottes schönen Silberschuhen

2

Ein Wanderbursche zog durchs Land
Nur Stab und Bündel in der Hand
Von Dorf zu Dorf durch jede Stadt
Sofern sie Schustermeister hat
Er lernte viel und mehr dazu
Konnt machen bald die schönsten Schuh
Im Lande gab es eine Stadt
Die allerhöchste Türme hat
Die Stadt sie war das Kapitol
Der König fühlte sich dort wohl
Als unser Schuster hier verweilt
Sein Ruf war ihm voraus geeilt
Man schickte Boten nach ihm aus
Und holte ihn ins Königshaus
Dort bat der König ihn im Nu
Um ein Paar schöne Silberschuh
Und machen sollte er sie bald
Der Fürst er fühlte sich schon alt
Der Meister tat wie ihm geheißen
Schuf braune Schuh mit Silberstreifen
Der Höchste als die Schuh er sah
Doch damit nicht zufrieden war
Er tobte fürchterlich und schlimm Und
wenig später starb er hin
Den Schuster warf man in ein Loch Und
dort trägt er die Schuhe noch.

Die Spieler

Nichts bleibt ewig immerdar
Nichts für immer wunderbar
Alles kommt zum Zahn der Zeit
Auch für uns ist es soweit Denn wir spielen seit Gedenken
Ohne wirklich nachzudenken Keiner will das Spiel versäumen
Jeder kann vom Siegen träumen
Jeder ist sein eigener Schmied
Singt sein eigenes Heldenlied
Was den anderen passiert Wird ganz einfach ignoriert
Liebe wird zwar noch empfunden
Aber nur für eigene Kunden
Was man kriegen kann und will
Prägt allein den Umgangsstil
Jeder hat das gleiche Ziel Jeder spielt sein eigenes Spiel Und
je mehr der Opfer sind
Desto mehr man Lust gewinnt
Was seit Anfang so gegangen
Kann sein eigenes Recht verlangen
Spielt ein Spieler mal verkehrt
Wird er rasch wieder bekehrt
Immer neu wird aufgemischt
Und die Leichen weggewischt
Jeder will etwas erleben Seine kurze Zeit im Leben Auch wer
diesen Teufel hasst
Wird von seinem Zwang erfasst
Niemand kann ihm widerstehen
Alle werden untergehen.

Die Erben

Es lebte einst in seinem Haus
Ein reicher Herr und gab nichts aus
Bis er dann ins Bett getrieben
Von seinen so besorgten Lieben
Und lag der Herr noch im Verfall
Sank im Hause die Moral

Groß war schon der Erbenstreit
Wer den Hof wer Kleinigkeit
Alle wollten sie verbuchen

Große Stücke von dem Kuchen
Denn man fand kein Schreiben vor
Das den Erben schnell erkor
Alle die ihm sehr verbunden
Hatten sich drum eingefunden
Und mit wildestem Geschrei
Führten sie die Streiterei
Doch der Herr in grimmer Ruh
Schaute allem traurig zu
Als er dann genug gesehen
Begann er wieder aufzustehen
Und statt für alle zu verwesen
Sollte eilig er genesen
Er verkaufte seinen Handel
Und änderte den Lebenswandel
Um nichts davon zurück zu lassen
Begann er alles zu verprassen
Und später starb er dann dahin
Ohne einen Silberling
Zwar in Abgeschiedenheit
Doch auch von jedem Zwang be-
freit.

Das Land der Riesen

1
Sie stehen groß und mächtig da
Prägen die Landschaft wunderbar
Nur sie erreichen Göttlichkeit
Und leben eine Ewigkeit.
2
Kein anderer Teil der weiten Welt
Ist näher dran am Himmelszelt
Die größten ihrer Bruderschaft Sind immerzu in Winterhaft.
3
Ihr Körper ist von Gott erwählt
Ein bunt gemischtes Lebenszelt
Sie wechseln so mit Jahreszeit
Ihr wunderbares Pflanzenkleid.
4
Sie leuchten voller Farbenpracht
Im Winter unter weißer Wacht
Und aller Arten von Getier
Bieten sie ein Heimrevier.
5
Sie sind die Mütter bunter Steine
Und stürzen Wasser tief herab
Und ob sie Feinde haben keine
So mancher fand hier schon sein Grab.
6
Sie sitzen auf dem Königsthron
Über Jahrmillionen schon
Eine schöne Friedenszeit
Deren Ende doch nicht weit.

7

Denn der Natur im Überschwang Ein Tier mit
Namen Mensch gelang Dieser Zögling war ein
Streich Krönung aller Schöpfung gleich.
8

Und da man ihm das auch gesagt So hat er es
bald eingeklagt
Solch ein Wurm das war der Witz Nahm die Er-
de in Besitz.
9

Die Erdenschätze wollt er haben Fing auch
wirklich an zu graben Und als er damit fertig
war
Stand nur noch Gerippe da.
10

So war schon bald gar alles tot
Was dem Leben Schutze bot
Der Riesen Jammer war nun groß
Ob dieses schweren Schicksalslos.
11

Und jetzt begann man zu beklagen
Und den Grund zu hinterfragen
Den man hatte selbst gesät
Doch es war schon fast zu spät.
12

Einzig blieb noch eine Chance
Für die alte Erdbalance Noch einmal wollte
man sich wehren Ein letztes Mal noch aufbe-
gehren.
13

Drei Tage dauerte das Ringen
Und sollte die Entscheidung bringen:
Am Ersten Tag kam große Flut
Doch der Mensch er schwamm zu gut
Am zweiten Tag in Feuerglut

Der Tyrann

(verlorene Strophen...)

...lebt jetzt ein böser Thaumarturg.

4

Der züchtet Drachen und Getier
Und ist der Grund zur Klage hier
Er treibt mit wilder Geisterschar
Ein böses Spiel im Lande gar.

5

Die Menschen fliehen in den Wald
Und ihre Feuer bleiben kalt
Und weh es wurd ein Kind vergessen Schnell
hat der Unhold es gefressen.

6

Drum zog es Rittersleut ins Land
Ein jeder schnell sein Ende fand
Und aus dem Tal verschwand das Glück Man

fügte sich in sein Geschick.

7
Bis eines Tages kam daher

Ein großer Held mit Schild und Speer Auf
seiner Stirn das Zeichen war

Das ihn als Königssohn gebar.

Es kehrte so ins Tal zurück.

8

Die Menschen lebten auf im Nu
Und jubelten dem Herrscher zu
Doch als der Held erst König war
Da kam es dann wie's stets geschah.

9

Mit dem Zepter in der Hand
War er dem Magier sehr verwandt
Das Leben wurd im zum Verdruß
Denn alles gab's im Überfluß.

10

So fand auch er bald Freude dran
Zu quälen seine Untertan Er ritt durchs Land mit blutiger Schar
Und jagte kleine Kinder gar.

11

Die Menschen waren tief verdrossen
Doch zornig auch und bald entschlossen
In großer Horde stürmten sie
Die Burg in Einigkeit wie nie.

Die Sage vom alten König

1.
Aus tiefer Vorzeit steigt empor
Ein König aus dem Totenmoor
Vergessen ist sein blasses Bild
Und niemand kennt sein Wappenschild.
Er saß auf einem stolzen Ross
Dem aus den Nüstern Feuer schoss
Hinauf zur Burg ritt er geschwind
Des Volkes Glück sein Rückenwind.
So fand auch dieser Bösewicht
Sein Ende dann im Blutgericht
Das Königtum es war vorbei
Und abermals das Volk war frei.
2.
Nur im Gemäuer seiner Zeit
Lebt sein Geist in Ewigkeit
Der alte Thron steht unverrückt
Und wird von Vogelmist beglückt.
Und als der Magier kam zum Tor
Er mittels Schwert den Kopf verlor
Und was von ihm noch übrig war
Verbrannt im Feuer ganz und gar.
Nie wieder hat man sich geschworen
Ein neuer König wird erkoren
Doch im Gemäuer seiner Zeit
Der König lebt in Ewigkeit...
Die Löwenkinder
Auf einer Kugel in der Leere
Gab's wenig Land und viele Meere

3.
Ganz tief im Tal klingt dann und wann
Auch noch der alte Hörnerklang
Und droben auf der alten Burg
Das Tal so seinen Retter fand
Der schnell zum König wart ernannt
Die Vögel sangen und das Glück
Aus dieser Suppe irgendwann
Ein Zellentier das Land erklamm
Dort wuchs es an auf Krabbelbein
Vom Echsentier zum Säugeschwein
Es kam auch schnell die Bäume hoch
Und lernte bald das Fliegen noch Entwicklung
nahm so seinen Lauf Und teilte es in Rassen auf
Gar zahlreich war der Völkerschwarm
Es schnell zu Mord und Totschlag kam
Der Krieg er tobte jahrelang
Bis man den Verstand errang
Man schloss den Frieden der die Welt
Bis heute noch am Leben hält
Ein Herrscher nun zu wählen war
Ein Königswesen ganz und gar
Nur zwei in Frage standen hier
Der Löwe und das Affentier
So kam es dann in früher Zeit
Zum Kampf der unsre Welt befreit
Der Löwe siegte mit Geschick
Er brach dem Affen das Genick
Seitdem mein liebes Löwenkind
Wir Herrscher auf der Erde sind
Und schon die Nacht ist viel zu weit
Für Löwenkinder Schlafenszeit
Wo sie mit einem stolzen Fauchen
In ihre Herrscherträume tauchen
Doch Mondlicht hinter Gitterstäben
Beleuchtet schwach die Wahrheit eben.

Der Zug

1

Es braust ein Zug durch dunkle Nacht
Die Landschaft seiner Reise wacht
Die Fenster hell erleuchtet sind
Darin der Vater und das Kind.

2

Es raucht der Zug durch dunkle Nacht
Sein Pfeifen hell der Sterne lacht
Die Gegend fliegt vorbei wie Spiel
Noch viele Stunden bis zum Ziel.

3

Es rast ein Zug durch dunkle Nacht
Gestänge bricht und Eisen kracht
Und als zu spät die Bremse klingt
Der Zug schon in die Tiefe sinkt.

4

Es fällt ein Zug in tiefe Nacht
Und mit ihm stirbt auch seine Fracht
So auch der Vater und das Kind
Ein Opfer ihres Schicksals sind.

Über die Menschen

1

Und sie schrieben was sie glaubten
Und sie glaubten was sie sahen

Denn es blieb nur was sie wollten
Und sie wollten was geschah
Weil sie hofften was sie durften
Und sie durften was noch war
Wenn sie raubten was sie brauchten
Weil sie brauchten was noch da
Kam der Winter unvermeidbar
Und zu Ende ging das Jahr
Was sie wollten unbestreitbar
Nun von ganz allein geschah.

2

Und sie glaubten was sie schrieben
Und sie sahen was geschah
Denn sie wollten was geblieben
Und sie ließen was gewollt
Weil sie durften was sie hofften
Und noch taten was erlaubt
Wenn sie brauchten was sie raubten
Weil noch da war was gebraucht
Brach das Herz ganz unvermeidbar
Und zu Ende ging die Zeit.

3

Und sie dachten was sie hofften
Ob sie auch flohen was geschah
Denn es blieb nur was sie wollten
Und sie wollten was noch da
Doch sie schlugen was sie trafen
Und sie trafen wer noch war
Wo sie raubten was noch wert war
Denn sie brauchten was noch da
Doch der Sommer unvermeidbar
Kam auch mit dem neuen Jahr
Und die Freiheit unbestreitbar
Nun von ganz allein geschah.

Die Liebe

Oh Gefühl in unseren Herzen
Du der Ursprung aller Schmerzen
Oh du Henker der Vernunft
Du der Seele Unterkunft

Eine Quelle großer Kraft bist du
Und doch Schwäche immerzu
Eine Freude unverbraucht
Doch im Alltag schnell verraucht.
Und bringst sie noch zum Dauerlauf

Du fegst unsere Köpfe leer
Und unsere Zunge wird wie Teer
Nichts Bedeutung mehr erlangt.
Wenn du unser Herz umrankt
Zu keinem Ziel wir sonst noch Kraft
Wenn wir in deinem Schoß erschlafft
Du ergreifst uns wie ein Sturm.
Du schließt uns ein im Träumer Turm
Und wo so sehr das Herz verbrennt
Die Geduld von Dannen rennt
Oft wir dann im Hochgefühl.

Überspringen unser Ziel

Und durch übergroßen Mut
Ersticken wir die Liebesglut.

Blonde Schönheit

Eine stille Sehnsucht wohnt in mir
Liegt es an dir?
Wenn du mir nah
Ist dann ein Glanz in deinen Augen da?
Ist da ein Platz in deinem Herzen?
Oder willst du mit mir scherzen?
Die Zeit wird zeigen was
Dein Schweigen bricht oder nicht?
Blonde Schönheit
Du bist es was ich will
Neue Liebe ist mein Ziel.

Die Nachtmusik

Am Ende der Woche
Kommt immer der Tag
Auf den ich so hoffe
Und doch nicht denken mag
Ganz ohne Sinn
Träum ich darauf hin
Laufe davon
Und doch am selben Ort ich bin
Durch dunkle Berge von Schnee
Erleuchtete Gassen und Eis im See
Menschen und ein Lichtermeer
Locken mich dort wieder her
Der Glanz ist erloschen über der Stadt
Die nur für uns noch Zukunft hat
Und irgendwo in ihr
Spielt unsere Lieblingsband
Ein Lied das keiner kennt
Die Musik klingt durch die Nacht Mit
ihrer weißen Pracht
Und wir laufen durch die Gassen
Und versuchen sie zu fassen.

Fromme Not

Stürme in unseren Köpfen
Geister die uns plagen und schröpfen
Stille Not!
Außerhalb aller Sicht
Fällt für niemanden ins Gewicht
Außer für uns selbst
Tun was ablenkt
Tun was uns gefällt
Tun was nur uns gefällt
Wir gegen die Welt
In unserer frommen Not
Ist jeder Gott für uns tot
Dabei täte er es so not
Wo ist die Schulter?
Wo ist die Kraft?
Die uns erschafft
Und die uns hält

Die unseren Sturz aufhält in dieser Welt.

Warum seelenverfolgt?

Schon ist die Zeit darüber gewachsen
Doch mein Herz pocht noch schwach
Im Gedanken verlacht
Wie konnte all das geschehen?
Und wir uns nicht mehr verstehen
Wie konnte unser Königreich
So schmählich untergehen?
Hat all das einen höheren Sinn?
Wer hat dadurch Gewinn?
Wer profitiert von dieser Seelennot?
Und bringt der Liebe ihren Tod
Dein Schatten folgt noch meinem Tritt
Zwar schwach aber er kommt mit
Es ist nicht leicht dich abzuschütteln
Denn irgendwo musst du noch rütteln
In meinem Herz da sitzt du
Und rufst mir unaufhörlich zu:
„Es war alles nur ein dummes Missverständnis!“
Aber was ist geschehen?
Warum musstest du gehen?
Ganz werd ich's nie verstehen
Vielleicht wenn wir uns wiedersehen
Wenn wir uns wiedersehen…

Zufallsgott

Oh Gott des Zufalls!

Oh Gott des Glücks!

Oh Gott der Wunder!
Meine Schritte durch den Tag
Sie kreuzen ihren Weg
Oh Schicksal, Fügung, Götterspiel!
Allein das Leben war mein Ziel
Ich war nicht auf der Suche mehr
Da kam sie unverhofft daher
Ihr wunderschöner Blick
Verfolgte mich im ganzen Stück
Herrliches Lächeln
Heiteres Gemüt
Und lange Beine
Aus gutem Gestüt
Mit viel Magie im Sinn
So ging sie dahin
Oh vielen Dank dir Schicksalsfee
Auch wenn ich sie nicht wiedersehe.

Verliebter Narr

1

Fünf Tage Fastnacht pur
Dem Spaß und Trubel auf der Spur
Zu dieser Zeit im Rheinflussland
Sind Narrenseelen sich verwandt.

2

So fuhr der Zug in dem ich war
Von Alt-Cologne
Mit Narrenschar
An Weiberfastnacht mich nach Bonn.

3

Dort begann der Abend dann
Mit Weib, mit Bier und mit Gesang
Und schnell in diesem Narrenspiel
Ich mit Musik dem Tanz verfiel.

4

So zogen wir mit leichtem Schritt
Von Ort zu Ort die Liebe mit
Und dann am Abend irgendwann
Sprach mich ein lecker Mädchen an.

5

Nach ein paar Worten hin und her
Gefiel das Mädchen mir schon sehr
Und auch ihr schien es angenehm
Mich stets in ihrer Näh zu sehen.

6

Die Kneipe war voll Narretei
Musik und Tanz nur für uns zwei
Lust und Spaß hatten wir viel
Und spielten unser Liebesspiel.
7

So tauchten wir in diese Nacht
Die mit dem ersten Kuss erwacht
Zwei Narrentage blieb ich dort
Und wollte von ihr nicht mehr fort.

8

Doch als das Ende dann ganz nah
Fühlt ich mich erst recht als Narr
Was ich gewollt das war nur Spaß
Doch blieb zurück im Herzen was.
9

Nicht alles gab sie mir
Und doch so viel von ihr
Und darum weiß ich es genau
Sie war eine tolle Frau.
10

Die Schönheit macht sie unbeschwert
Und ihr Charakter liebenswert
Und so wird schnell die Zeit vergehen
Derweil ich hoff aufs Wiedersehen.

Wo sind die Gefühle hin?

Wo sind die Gefühle hin?
Wo muss ich sie suchen?
Macht die Suche Sinn?
Es ist stets das gleiche Spiel
Immer auf der Suche
Find ich der Liebe viel
Lauf ihr hinterher
Denn träumen ist nicht schwer
Wo sind die Gefühle?
Zwischen unserer Lebensmühle?
Speise sie so liebevoll
Bis liebestoll
Sag mir warum?
Kannst du nicht empfinden?
Bleibt dein Kussmund stumm?
Gebe stets so viel!!!
Und frage mich wofür?
So werde ich stets nur vorgeführt
Und von der Wirklichkeit
Brutal ins Licht gezerrt
Wer kann das ertragen?
Auch ich nicht ewig
Wollt ihres wagen?

Die Suche

1

Da bist du ja mein Schatz!

Mein Herz sagt mir ich such

Begegnung ist der Anfang aller Hatz

Doch auch so oft von Selbstbetrug.

2

Aufs Neue stürz ich mich in das Gefühl

Da kenn ich keine Scheu

Und wirklich bleibt auch keine kühl

Nur schicksalhaft auch keine treu.

3

So kommt das Abenteuer

Und bringt mir schöne Stunden Illusion

Entfacht mein ganzes Feuer

Und mach mir Hoffnung auf den höchsten Lohn.

4

So such ich stets das Glück

Das wahre unerreicht bisher

Und wenn's auch nur ein Stück

Der echten Liebe wär.

5

Und also biet ich alles dir

Was ein Mann für eine Frau kann tun

Und hoff du glaubst es mir

Das unser Glück in deinem süßen Schoß kann ruhen.

6

Doch nichts geschieht in deinem Herzen

Kein echt Gefühl sich regt

Nur grausam Wechselspiel mit Scherzen

Mir um die Ohren schlägt.

7

So lass ich traurig wieder Mal davon

Was meine Hoffnung war

8

Dann macht Erfahrung bitter
Und kann nur schwer ein jedes Mal zurück
Und immer fester wird das Gitter
Das mehr und mehr mein gutes Herz erdrückt.

9

Doch noch ist nicht alles Gefühl erschlagen
Denn mein starker Wille birgt die Kraft
Die endlos oft die Zelle wird ertragen
Bis irgendwann der eine Weg zum Glück geschafft.

Was wird bleiben?

1

Was wird bleiben?
Was vergeht?
Was muss sterben?
Und was steht?

2

Wenn wir aus dem Fenster sehen
Ist nicht zu erkennen
Wie die Zeit wird weitergehen
Was sich Zeit kann nennen.

3

Wir laufen durch die Wirklichkeit
Verschleiert unser Blick
Der Horizont ist nicht sehr weit
Geduld ist unser Trick.

April, April

Im ersten Quartal des Jahres ist viel geschehen
Bin manches gegangen, gelaufen zum Glück
Doch stets blieben Zweifel zurück
Meine Freiheit bestehen
Ich selbst sein und sein wollen
Dabei andere verstehen
Ist und soll mir Schule dieses Jahres sein
Des wahren Glückes Keim
Ich will werden
Nicht mehr hoffen sondern sein

Der April sei hier mein vierter Stein zum Ziel
Im Liebeslebenfreudespiel.

Namenlose Liebe

Vorsichtige Empfindung
Hoffnung in Not
Seufzer der Liebe
Wie tägliches Brot
Schmachtende Blicke
In Feuergenicke
Ich zittere im Glauben
Wieder Täuschung im Spiel?
Vorsicht!
Und doch Lust zum ersten Schritt
Da ist der unwiderstehliche Reiz
Wieder diese Verlockung
In ihren Blick

Glauben zu schenken
Liebestraum du bist noch da
Obwohl so oft bereut
Doch sag mir zuerst wer du bist
Sag mir deinen Namen
Am Horizont du süßer Schimmer
Dein Zauberblick verzaubert mich
So ist es diesmal nicht wie immer
Denn wenn ein erster Blick Gefühl bewirkt
So weiß ich schon
Ich liebe dich!

Die stumme Melodie der Liebe

Melodie im Sinn
Gedanken voller Zärtlichkeit darin
Für die Liebe so bereit
In Arbeitszeit und jederzeit!
Verdammt zum Leiden?
Magendruck
Und bittere Pille die ich schluck
Doch Freude im Sinn
Leb ich dahin so wie ich bin
Der Atem der Liebe liegt in der Luft
Und ich spüre deinen Duft
Wo du auch bist
Du wirst vermisst
Auch wer du bist ist einerlei
Denn irgendwo da hörst du meinen stummen Schrei
Ich gehe meinen Weg

Und sing dir meine Melodie
Du wirst mir begegnen ganz gewiss
Wenn du es nicht schon bist.

Wunderbare Eintracht

Wenn es kracht

Dann spielt die Angst mit Macht

Ihr Spiel um goldenen Boden

Den Tanz der Liebespagoden

Kampf und Krampf

Beziehungslügen

Hinter der Eintrachts Mauer nach Außen

Wir lieben uns

Nur Worte!

Denn wir wollen so sein

Wir haben Angst vor der Selbstverantwortung

Wir wollen so sein wie alle anderen

Wirklich?

Na dann Prost!

So stirbt die Lebenskraft in starrer Gleichheit

Und Panik frisst die Seele.

Mai, Mai, Mai

Einerlei
Schweinerei
Sauerei
Ei
Es kommt der Mai
Es geht der Mai
Was es auch sei
Es ist vorbei
Mai, Mai, Mai
Maikäfer
Maier
Maierei
Tai
Brei
B…serei
M…serei
Polizei
Schöne Lay
Mai, Mai, Mai
Es ist vorbei.

Deine Augen

1

Wundervolle Tage bringen einen neuen Mai
Unverhofft die Klagen sind auf alle Zeit vorbei
Starkes Gefühl mein Herz erstürmt wie toll
Verliebt bin ich und alle meine Sinne voll
Vielleicht, ja ganz bestimmt so wie noch nie
Du nimmst mir den Atem ganz, ich weiß nicht wie
Und unsere Zeit sie fliegt dahin
Derweil ich seh in Deinen Augen den Gewinn.

2

Noch nicht zwei Wochen
Seit Du in meinen Armen liegst
Und doch wie eine Ewigkeit voll Zärtlichkeit
Du mir Vertrauen gibst
Deine Kraft durchströmt mein Herz, beschwingt mich Tag für Tag
Und jeder neue Morgen neben Dir erwacht
Erfasst mich wie ein Wirbelsturm
Der uns gemeinsam bläst durch alle Nacht.

3

So wie ich Deinen Augen schon mit erstem Blick erlag
So verzaubern sie noch immer heute jeden Tag
Und ich les in ihnen über Dein Gefühl
Das wir beide wissen, dass es mehr ist als ein Spiel
Denn was wir uns geben

Hier muss jede Dichterkunst vergehen
Das verändert unser Leben
Und ist nur als Liebe zu verstehen.

Kleine Sonne

1
Schöne Zeit
Mich überrollt
In Abhängigkeit die neu befreit
Kleine Sonne ungewollt
Mein Himmelsgold.
2
Deine Strahlen
Sind wie Drogen
Die untermalen meine Qualen
Die wie mit Häuser hohen Wogen
Mich zu Dir runter zogen.
3
Deine Kraft
Erwärmt mein Herz
Nimmt mich in lange Einzelhaft
Nicht nur im Schmerz
Wie unter Meter dickem Nerz.
4
Deine Hitze
Durchdringt mein Blut
Und ich schwitze
In Deiner Liebesglut
Doch mir geht's gut.
5
Kleine Sonne
Neue Zeit
Deine Wonne
Im strahlend hellen Zauberkleid
Verspricht den Träumen
Wirklichkeit.

Junisturz

Sommerhitze
Regenguss
Steter Wechsel wie ein Muss
Heiße Liebe
Kühler Schauer
Starke Triebe
Kalte Schulter
Beziehung sauer?
Was liegt da auf der Lauer?
Dann ein Donnergrollen unvermittelt
Doch es kommt nicht nur Gewitter und was
Kühle Kälte kommt im Herzen bitter
Und gefriert alle Gefühle
All das reißt uns aus dem Sommer
Und Du fliehst ins weite ferne Nichts
Wo Du mich vergisst
Zurück bleib ich erstarrt
Entsetzen meinen Ausdruck prägt
Welch schändlicher Verrat!

Irgendwie „gelber Vogel flieg"

1
Irgendwie hab ich's geahnt
Irgendwie schon mal gekannt
Irgendwie schon früh ein Gefühl
Wie kaltes Grauen mich beschlichen hat
Aus dem Nichts!
Ohne Grund und Anlass
Es ging verloren was wir eben erst gefasst.
2
Irgendwie war es zu erwarten
Irgendwie der Zeitpunkt zu erraten nicht schwer
Irgendwie wusste ich schon mehr
Als wir noch verliebt
Doch irgendwie wollte ich es nicht glauben
Nicht schon wieder!!!
Irgendwie wollte ich darum kämpfen
Bis zum letzten Blutstropfen.
3
Doch das Schicksal war Dein Engel
Der den Zauber von Dir hob
Und Dich entließ aus meiner süßen Umarmung
Hinaus in die Freiheit!
Also flieg gelber Vogel
Flieg davon Deinen Weg
Nichts kann man dagegen tun.

Post B.

Was war das nun?
Du fegtest durch mein Leben

Erstürmtest wild mein Herz
Und ich hab's dir gegeben
Doch blieb zurück nur Schmerz
Soviel wir schon besprochen
So schön die Nächte waren
Du hast es doch zerbrochen
Das noch so zarte Garn
Es bringt mir keine Schwere
Und auch nur kurzen Frust
Im Herzen wieder Leere
Geübt schon im Verlust
So schnell wie nie vergesse ich sie
Und Kampfgeist mich erfasst
Es war denn nicht mal mehr Remis
Als ihre Siegeschance, die sie verpasst.

Weiter, immer weiter…

Weiter geht das Leben
Aber was kommt?
Ungewissheit bestimmt mein Streben
Die meine Laune formt
Hinaus in aller Eitelkeit

Mit schon gekanntem Elan
Zu alten Ufern!
Wenig Überraschung in Sicht
Aber wer weiß?
Immer weiter muss es gehen
Auch ohne Sinn und Zweck zu verstehen
Das Selbst gut versteckt in starrer Maske der
Gleichgültigkeit Gegen jeden weiteren Schiffbruch
gewappnet
Doch immer dicker muss die Farbe sein
Und wo die Hoffnung stets vergeht
Ist es irgendwann für neues Selbstvertrauen zu spät
Aber wer weiß?
Denn es geht immer weiter, immer weiter…

Neues Glück im Sinn

Wie schon oft
Weiß nicht was ich sagen soll
Doch neue Perspektive vertieft die Hoffnung auf einen besseren
Frühling mitten im Winter
Wo ist die neue Liebe?
Irgendwo lauert sie
Und hält sich noch verborgen

Doch noch heute oder morgen springt sie hervor
Und erleuchtet mein Leben neu
Vielleicht kenne ich dich schon?
Aber jedenfalls wartest du schon auf mich irgendwo
Du mein Glück!
Das mir, ich weiß es genau, nur weiß machen will, es sei
verschwunden.

Tournee Hoffnung ins Bayernland

Eine Fahrt ins Blaue
Will ich wagen
Mit dem Wagen
Ins Blau-Weiß-Land, Bayern genannt
Dort ersteigen hohe Berge die ganz eigen
Zehn Tage frischer Wind
Zehn Tage Freiheit
Zehn Tage ohne Probleme
Und ohne viel im Sinn
Zehn Tage treibe ich dahin

Um mich wieder zu finden,
so wie ich bin
Um die Ruhe zu gewinnen durch Entspannung insgesamt
Um dem Stress ganz zu entrinnen
Unbekannt und unerkannt
Dort in der Wildnis will ich mich besinnen
Mich fallen lassen und vielleicht als neuer Mensch die Welt zurück
gewinnen
Was der Sommer bringt
Was dieser Sommer bringt,
hat Chance zu bleiben
Was dieser Sommer bringt
Ich glaube fest daran gelingt!

Herzens Dinge

Hallo kleine unverwüstliche Hoffnung
Die du wieder keimst
Was denkst du darüber
Ich glaube es beschäftigt dich
Doch du misstraust dem Gefühl
Du misstraust mir und meinem Gefühl
Du denkst ich will dich nur als Ersatz
Doch ich versichere dir, dem ist nicht so
Sicher ich bin noch sehr unsicher
Ich bin verwirrt und geschockt
Doch ich kann es selbst nicht wirklich verstehen
Aber du gefällst mir trotzdem
Obwohl ich mir geschworen habe, keiner Frau
mehr zu schnell auf den Leim zu gehen
Du faszinierst mich und ich wünsche mir sehr,
Dass du mir eine Chance gibst und mehr
Ich brauche noch Zeit
Um mich selbst zu verstehen
Und doch hoffe ich es ist die Zeit auch
Die unserer beider Gefühle (Herzen) brauchen
und nutzen um sich näher zu kommen
Auch wenn wir uns nicht sehen
Vielleicht denkst du ja an mich?
Doch die kommende Woche werden neue Ge-
danken uns neue Wege zeigen
Die vielleicht zusammenführen,
vielleicht auch auseinander gehen
Wer kann diese Herzens Dinge schon
verstehen.

Es ist so schön!

Keine Worte wert genug
Im Gedanken kaum zu fassen
Kein Gefühl wie je zuvor
Kann von ihr nicht lassen
Verliere mich in ihr so gern und jederzeit
Sie hat jeden Knoten Zweifel und jeden Krampf gelöst,
mein Herz befreit
Es ist so schön wie nie, ganz unaussprechlich
Kein Wort wird ihr gerecht
Ich liebe sie unermesslich
Sie ist sie, ein Zauberwesen voller Poesie
Sie ist mir Kamerad und liebevolle Frau
Sie ist mir Trost und ist mir Kraft auf die ich baue
Sie ist in kurzer Zeit mein Leben und schon sind wir so weit,
wie nie zuvor ich war im Streben

Es ist so schön mit ihr auf gleichen Wegen
Und darum möchte ich ihr auf ewig all meine Liebe geben
So, dass ich sie nie mehr verliere.

Süßer Gedanke

Du flaues Gefühl im Magen
Du Kribbeln im Kopf
Nervöse Hände
ABSOLUTE UNRUHE!
Hoffnung und Angst vereint
Was denkt sie?
Was fühlt sie?
Was hofft sie?
Ich vergehe vor Spannung
Alle Ruhe dahin
Süße Träume im Sinn
Meine Finger stehen nicht still
Meine Gedanken schlagen Rad
Wo ist sie bloß?
Ihre süße Post meinen Kopf verdreht
Meine Gedanken sind wirr
Doch nur bei ihr.

Nur Sie im Sinn

1

Ich sehe die Zeichen
Ihre Augen und Gesten
Ihr Körper sagt ja
Ihr Blick sagt ich will
Berührung ihr Ziel.

2

Doch es ist noch zu früh
Obwohl ich schon fühl
Dass sie es wär
Aller Anfang ist schwer
Ich möcht nicht schon wieder verlieren.

3

Besser ist was aufzubauen
Sie wirklich durchschauen
Und erst dann ihr vertrauen
P im Sinn
Doch Zeit ist Gewinn.

4

Nur so kann entstehen

was wir beide dann wirklich als

Liebe verstehen.

Welt und neu im Oktober

Welt und neu
Weltenscheu
Neu ohne Chance
Bundesbalance
Wagen und Glauben
Rauben und Vergehen
Lieben und Sterben
Hoffen und Träumen
NICHTS mehr versäumen!
Niemand gewinnt
Wo nichts neu beginnt
Was gelingt?
Was wird werden?
Was wird sterben?
Oder nicht?
Deutschland oh weh…
Demokratie ade.

Schöne Empfindung

Schöne Tage mit ihr
Schöne Stunden bei ihr
Schöne Sekunden in ihr
Tief…
Tiefe Schönheit
Tiefe Zufriedenheit
Tiefe Liebe
Tiefe Wollust
Wie nie zuvor !!!
Intensive Umarmung von ihr
Kraftvoll schön
Unendlichkeit der schönen Empfindung
Voll mit ihr im Sinn
Erfüllt durch ihr Gefühl und mein Gefühl
Befriedigung im Schoß wie nie
Befriedigung im Hirn durch sie
Schön Schach matt und verliebt in sie
Immer wieder in heller Flamme erglüht wie nie

Keine Worte

Das Leben erblüht
Keine Worte verfrüht
Die Zeit fliegt dahin
Seit ich bei dir bin
Alle Blumen im Glück
Und der Herbst bleibt ein Stück
Das Glück auf dem Korn
Keine Worte verloren
Und der Liebe verschworen
Keine Worte zu viel
Offen, klar und kein Spiel
Du bist wie ein Quell
Bringst der Zeit neues Licht
Du leuchtest mir hell
Und bleibst immer in Sicht
Unsere Liebe ist Wärme
Jedes Wort wie ein Strahl neues Sein
Du bist meine Sterne
Und auch mein Sonnenschein
So die Zeit fliegt dahin
Unsere Liebe im Sinn
Und wenn auch Worte vergehen
Das Gefühl bleibt bestehen

Neue Sterne

1

Neue Sterne wagen
Das Glück es soll uns tragen
Gefühle voller Schönheit
Empfindung großer Kraft
Geschick gemeinsam wagen
Zu zweit in Einzelhaft

2

Eine neue Sonne sehen
Das Leben neu verstehen
Neue Wärme spüren
Sich unendlich berühren
Dieselben Wege gehen
Vor neuen Toren stehen

3

Neue Nacht gewinnen
Gemeinsam Träume spinnen
Und über Zukunft sinnen
Im Winter Wärme geben
Und in der eignen Höhle leben
Keine Chance vergeben

4

Das Eis mit Hitze zu umfangen
Und zu schmelzen unbefangen
Bis der Schmerz vergangen
Die Welt zusammen tragen
Nicht mehr lange fragen
Die neuen Sterne wagen.

Himmelsbäume

Den Kopf wagen
Eigne Pflichten tragen
Notwendigkeiten tun
Sich nicht auf seinen Lorbeeren ausruhen
Freunde finden
Mauern überwinden
Gemeinsam gestalten
Und die Natur erhalten
Über gute Dinge sinnen
Schlechte Dinge bezwingen
Am Abend tanzen
Und am Morgen singen
Nur mit Verstand reden
Und Recht mit Recht erstreben
Den Glauben wiederfinden
Und neuen Glauben gründen
Die Kinder Fortschritt lehren
Sich gegen Blindheit wehren
Den Kopf zum Vorwitz strecken
Und aus der Starre wecken
Eigne Ziele prüfen
Alle Träume noch mal träumen
Und sich ständig kratzen
Bis die Bäume endlich in den Himmel wachsen

Liebeslied 1(Eins)

Es war in einem Sommer
Ein Sommer mit Gewicht
Ich war dir schon begegnet
Doch wir kannten uns noch nicht So
fuhr ich in die Berge
Und du fuhrst an die See
Ich wollte nichts mehr wissen
Ich wollte nichts mehr sehen
Von all den schlechten Dingen
Und dem Beziehungsringen
Ich hatte keine Arbeit
Und fühlte mich ganz lahm
Ich wollte keine Freunde mehr sehen
Und keine Sorgen mehr verstehen
Die Stadt war zum Ersticken
Und nichts blieb auf Papier
Alles flog nur noch wie Schatten
Teilnahmslos vorbei an mir
Nichts wollte gelingen
Und keine Freude mehr beginnen
Ich war so müde und verletzt
Ich war so traurig und gehetzt
Von all den falschen Schwüren
Und dem verlogenen Spiel
Ich war so ausgepowert
Und noch nie so ohne Ziel
Der Welt die mich umlauert
Wollt ich nur entfliehen

So fuhr ich in die Berge
Um von Oben neu zu sehen
Die Gedanken neu zu finden
Mich selbst neu zu verstehen
Um Frieden zu gewinnen
Dem Stress ganz zu entrinnen
In Frische wollt ich tauchen
Und neues Leben hauchen
Dort wollt ich mich befreien
Den Frust vom Berge schreien
Die Schleier von mir zerren
Die Geist und Herz verklären
So zog ich in die Berge
Doch du warst mir im Sinn
Und pflanzt in mir wie Erde
Ganz neue Hoffnung hin
Den Sommer in der Brust
Reift so ganz neue Lust
Und mit jedem Schritt zum Berge
Mit jedem Schritt hinauf
Warst du mir mehr bewußt
So flogen meine Sorgen
Ängste und alte Träume fort
Und der Sonnenschein von morgen erobert den Ort
Und kein alter Geist blieb mehr zurück
Und ich fühlte mich so frei und ohne Sorgen
Und ich fühlte mich so gut
Und so wuchs noch im Verborgenen neues Glück
Jeder neue Augenblick
Brachte dem Gefühl die neue Kraft
Und der Sehnsucht ganze Schwere eroberte die Leere
Und so kam ich zurück zu dir
Noch im Herzen voller Scheue
Und doch wollt ich nur zu dir
Wollte Liebe ganz, ganz neue
Und als wir uns dann sahen
Flog mein Herz dir schon entgegen
Und traf dort ganz verwegen
Auch das deine in der Bahn
Auch dass kam voller Hoffnung
Aus dem Urlaub angefahren.

Wintersein

Wintersein
Weihnachtsschein
Vorfreude
Jahr vergehen lassen
Kein Problem mehr hassen
Wandel im Sinn
Träumen schon auf einen Neubeginn
Jahr 95
Menschheit wohin?
Menschheit wozu?
Menschheit ohne Rast und Ruh
Jahresspiel
Jahreswechsel mit neuem Ziel
Warten für wann?
Es geht voran
Wintersein
Zum Winter hin
Diesmal verreist
Doch die Feder bleibt nicht vereist.

Abrakadabra

Magisches Spiel
Geschichten die noch warten
Träume zu erraten
Welten die viel sind
Wie die Realität
Wir sind nur noch Zuschauer
Doch auf der Lauer
Nach der Erneuerung
Wir lassen uns treiben
Kämpfen Tag für Tag den selben Kampf
Tanzen den selben Tanz
Alles Krampf
Alles Schein
Alles verloren
In Nutzlosigkeit werden unsere Babys geboren
Ein Zauber muss her
Doch zaubern ist schwer.

Wilde Trauben

Wilde Trauben
Süße Frucht
Spitze Dornen
Ranken Wucht
Schöne Blüte
Zarter Duft
Weites Feld
Und schwangere Luft
Feines Rauschen
Stilles Plätschern
Tiefes Summen
Menschenschrei
Schon vorbei
Rote Trauben
Bittere Frucht
Tiefe Dornen
Schwere Wucht
Schöne Blüte
Nun verpufft
Weites Feld
Und süßer Duft
Stilles Rauschen
Für die Dummen.

Alles wird gut

1
Alles wird gut
Was wird?
Was wird warum?
Was wird warum gut?
Was ist gut?
Was ist alles gut?
2
Alles ist schön
Was ist?
Was ist denn?
Was ist denn schön?
Was ist schön?
Was ist alles schön?
3
Alles war hell
Was war?
Was war dann?
Was war dann hell?
Was war hell?
Was war alles hell?
4
Nichts für immer
Doch alles für ewig
Gefühl in der Zeit.

In einem phantastischen Land

1

In einem phantastischen Land
Wege die in Bächen zerrinnen
Zweige die wippen
Grade die kippen

2

Musik im Sinn
Worte im Ohr
Winde im Gefolge
Träume die küssen
Gedanken die plötzlich die Wahrheit
wissen Gefallene die aufstehen wollen
Worte geschwollen

3

Worte im Wind
Blätter die sich sammeln
Bäche die zu Strömen werden
Wege die in den Himmel schweben
Wippen die verlassen sind
Kinder die auf Graden wandern
Und im Schatten all die andern

4

Worte im Sein
Musik die verklingt
Worte die ihren Sinn verlieren
Gedanken die der Wind zerstreut
Und Träume die ausgeträumt
Blätter die der Schnee mit Weiß umhüllt
Bäche die, die Trauer füllt

5

Worte im Weg
Wege die vergessen sind
Zweige die mit Eis umschrieben
Grade die, die Tiefe lieben
Wege die, die Ufer schmücken
Und Bäche die im Meer ersticken
6
Worte im Ohr
Tage die uns verstehen
Menschen die vorüber gehen
Mit Worten die das Ohr gefüllt
Worte stehen im Wind
Musik die nie verklingt
Und den Sommer rückgewinnt

Es weihnachtet

Man hört es flüstern
Man riecht es
Die Nächte werden länger
Man hört es knirschen im Schnee
Man sieht es leuchten unter der Tür
Die Kinder werden unruhig
Man sieht die Vorfreude in den Gesichtern
Man hört es singen
Die Ofen brummen
Pferdegetrappel

Leise rieselt der Schnee
Oh Tannenbaum
Kerzenschimmer
Rote Backen
Nüsse knacken
Plätzchenberge
Spielzeugzwerge
Geschenkpapier
Hölzerne Grippen
Gemeinsamkeit
Familienzeit
Warme Menschlichkeit
Ein Gefühl das einnimmt
Ein Gefühl das befreit
Ein Gefühl das öffnet
Herzen kommen sich entgegen
Ein Gefühl das den Glauben spendet
Ein Gefühl das Kraft tankt
Aber was ist mit denen…
ohne Familie
ohne Freunde
ohne Geschenke
ohne Plätzchen
ohne Kraft
ohne Wärme
ohne Hoffnung
ohne Glauben
Es weihnachtet uns
Es umnachtet uns
Es weiht uns dem Vergessen
Es hält uns in einer Nacht des Schweigens
Ein Lob allen, die in ihren Köpfen die Mauern überwinden!

Feuer des Nordens

Feuer des Nordens
Bann des Eises
Kühle des Schnees
Rentiergetrappel
Elch Ruf im Dunkel
Vereinzelte Humanoiden
Auf weiter einsamer Flur
Pure Natur
Frische Luft
Undefinierbarer Duft
Wundersame Stille
Hauch des Nordens
Eis im See
Weiße Berge von Schnee
Horchen auf Laute
Dunkelheit naht
Menschen irgendwo außer
Sicht Weiter Blick
Pure Freiheit
Will nicht zurück
Zauber des Nordens
Eisiger Bann
Kälte im Glied
Schnee vor dem Fenster
Schnee in der Luft
Weiße Weihnacht
Pure Pracht
Wenige Lieben
Feier am Ofen
Gute Gerüche
Kinder die rufen
Elche die röhren
Keine Sorgen die stören
Weit und breit

Der Ring

Vor langer Zeit…
Vor langer Zeit war klar
Was von Bedeutung war
Das Leben war ein Ringen
Mit abertausend Dingen
Es brannte noch ein Feuer
Ein Feuer voller Kraft
Und Zeit blieb im Gemäuer
Als er den Ring erschafft
In ihm hat er vereint
Was all sein Wille scheint
Es war in ihm die Liebe
Die niemals wirklich war
Er trug in sich die Treue
Die oft und schnell zerbrach
Er sollte sein wie Freundschaft
Die stets in sich verging
Und auch Symbol für Mitleid
Das doch zu Leid verkam
Einzig sein Sinn blieb Hoffnung
Mit der er dann verschwand

Und war noch da die Trauer
Tief in der Zeit verbannt
Die Welt versank im Chaos
Das Böse war befreit
Der Ring er galt verloren
Und seine Kraft entzweit
So oft sie auch beschworen
Sie blieb nur noch verblasst
Ihn suchten all die Toren
Von Blindheit doch erfasst
Jahrhunderte vergingen da
Geplagt von tausend Plagen
Bis er ganz vergessen war
Ein Gegenstand von Sagen
Doch dann in unserer Zeit
Das Schicksal war soweit
Von irgendeinem Glück gewollt
Der Ring mir vor die Füße rollt
Ich heb ihn auf für dich
Er leuchtet wie in Zauberlicht
Sein Glanz ist unverblasst
Uns seine große Macht erfasst
Und schon trägt sie uns fort
An einen fernen Ort
Dort wo wir neu erwacht
Ein Wunder scheint vollbracht
Der Ring die Zeit von vorn entließ
Mit dir und mir im Paradies
Als dann der Ring nun bleibt bei dir
So lang ist unsere Zukunft hier.

Nordlichter

Silvester
Winter
Worte
Erwartungen
Versagen
Trauer
Bahnen
Dinge
Sommer
Bilder
Vertrauen
Gewinn
Werte
Herbst
Siege
Liebe
Sprünge
Begegnung
Kreise
Spuren
Verlust
Freude
Träume
Frühling
Hoffnung
Verstehen

1995

1995

Januar
Viel beschäftigt
Viel im Sinn
Besondere Tage
Besondere Dinge
Januar
Älter werden
Wieder ein Jahr
Ein ganz neues Jahr mit dir
Besonderes Jahr
Hab ich im Gefühl
Schon beinah Vater
Deine süße Mutterpanik
Deine panische Mutterhoffnung
Liebe dich sehr
Mit jedem Tag mehr
Und doch…
Es geht noch!
Januar
Glücklich sein
Zeit verleben
Arbeiten eben
Zusammen sein
Liebe machen
Immer pur
Mit dir nur
Und wenn du nicht da bist
Dich vermissen
Immerzu
Und ich bin ich
Ich bin Lu'95

Summ summ

Summ didelum
Du gehst mir
stets im Kopf
herum
Wo ich auch bin
Was ich auch tue
Woran ich denk
Das bist du
Summ didelum
Summ didelum
Summ summ

Über das Männersein

Mann kann sein
Mann kann so gut sein
Mann kann so lieb sein
Mann kann so anders sein
Mann will sein
Wir fühlen immerzu
Wir bedingen immerzu
Was wir suchen, bleibt die
Liebe
Ich bedinge immerzu
Was ich suche, bleibt
deine Liebe
Was ich weiß jetzt
immerzu
Meine Liebe, das bist du.

August noch mal

Sommer noch mal
Wieder ein Sommer vorüber
Der erste mit dir
Und so wünsch ich es mir wieder und wieder
Gemeinsam waren wir fort
Gemeinsam kamen wir back
Dein Heim ist auch mein Lieblingsort
In meinem Herz bist du nie weg
Ich wünsche mir nun ein Leben mit dir
Zusammen den Tag verbringen
Wenn alles so bleibt wie es ist, dann ist es phantastisch mit dir
Ein ungebrochenes Swingen
So war auch unser zweiter August
Der einst erste Tag im Sommer
Mein Herz klopft wild in der liebenden Brust
Und wie ich schon damals gewusst
War uns jeder Tag von Liebe gebaut
Blieb dieses Gefühl bis heute vertraut
So komm August noch viele mal
So bleibt unser Leben ein Sommer voll glücklicher Tage ohne Zahl
Und wenn ich schreibe diese Zeilen leis
Und sie auch vor mich spreche laut
So wird mir klar was ich gewiss schon weiß
Du bist schon lange mein Braut.

Bücher, Bücher

Seufzer der Literatenseele
Bücher…
Stecke mitten drin
Sind um mich herum
Mein Leben ist ganz Buch
Mein Leben scheint gebucht
Bücher, Bücher und mehr
Soviel Kultur pur
Kinder lesen Bücher
Leser lesen nicht nur Bücher
Regale
Kataloge
Bücherstaub
Doch kein verstaubter Beruf!
Spiele, Spiele, Spiele
CD-Hörer
Kein Geld
Aber Bücher im Übermaß
Bücher, Bücher
Seufzer der geplagten Seele.

Silberstreif

Am Horizont ein roter Schein
Ein Freudenfeuer
Ein Sternenstrahl
Ein neuer Lebensfunke
Ein kleines Wunder im Gedanken
Ein kleines Feuerwerk im Gedanken
Ein milder Abend
Eine Zeit des Umbruchs
Ein Gedanke an dich voller Wärme
Ein Gedanke an uns
Was bringt die Zukunft?
Unsere gemeinsame Zukunft
Ich denke sie mit dir
Ich sehe den Silberstreif Glück
Ich will und kann nicht mehr zurück
Ich will mit dir ins Leben
Ich will mit deiner Liebe leben
Ich denke Zukunft
Ich denk an dich.

Nach Indien fahren und Kinder kriegen

Nach Indien fahren
Du willst nach Indien fahren
Schon lange willst du fahren
Schon bevor wir uns kannten
Bevor wir uns liebten das erste Mal
Damals wolltest du entfliehen
Du wolltest hinaus in die Welt
Dein Paradies finden
Dann fanden wir unser Paradies doch hier
Es ist vor allem in uns, wo wir auch sind
Du wolltest die Freiheit der Seele
Du wolltest die Freiheit von Kopf und Herz
Für dich gewinnen
Du wolltest vor deinen Alpträumen flieh
Weit fort
Du wolltest dich dort zurückgewinnen
Du wolltest allein sein und von vorn beginnen
Indien lag wie ein Zauber auf dir
Du hattest keine Furcht
Denn es war in deinem Herzen
Schon bevor deine Augen es sehen konnten
Ich war blind dafür und taub bisher
Aber ich hoffe es ist noch nicht zu spät zu sehen
Und zu verstehen
Ich liebe dich so sehr
Du sollst deine Träume wagen
Mit mir oder ohne mich
Darum lass mich ein Teil sein von ihnen
Lass uns alle Zwänge zu Grabe tragen
Und nur noch frei entscheiden
Nach unserer Seele Lust
Lass uns gemeinsam ob all der tausend Fessel siegen
Lass uns nach Indien fahren und Kinder kriegen

Liebesgedanken

Liebesgedanken
Fahren über Schranken
Unaufhaltsam
Mit viel Kraft
Die, die Liebe schafft
Mit viel Elan
Und Gefühlswahn
Mit viel Hitze
Mit viel innerer Glut
Die uns gibt den Mut
Zu verstehen
Miteinander zu gehen
Zu vertrauen
Auf einander zu bauen
Die uns gibt den Glauben
An die Welt
Die uns nur so gefällt
Die wir nur gemeinsam wollen
Unaufhaltsam
Über alle Schranken
Die Liebesgedanken ranken
Über jede Weite
Die Liebe überspannt
Von jedweder Seite
Wenn noch so unbekannt
Mit viel Wärme
Und großem Geschwärme
Mit viel Sturm im Herzen
Und tausenden Schmerzen
Mit allem Ernst
Und jedem Gedanken an Glück
Davon unser eigenes Stück der Welt
Die wir nur so verstehen
Die wir mit unseren Augen sehen
Unwiderstehlich
Durch alle Schranken
Und mit vielen Liebesgedanken.

1996

Tausend Dinge

Tausend Dinge
Tausend Wirbel
Tausend Dinge um mich
Um uns
Neues
Anstrengendes
Mit wenig Glück außer dir
Du mein Glück!
Mein Sonnenschein
Wilde Arbeit
Im Stress verkannt
Verzweifeltes Rudern im Meer
Viel Kraft verbraucht
Ohne deine Zärtlichkeit
Doppelt schwer!
Selbstmotivation immer wieder
Zerrt an meinem Verstand
Was will ich?
Ich weiß nur, mehr von dir
Alles andere verschwimmt
Tausend Ertrinker, Versinker
Im Lebensscheiß
Worum geht es überhaupt noch?
Wofür geht es weiter?
Bin ich konsequent?
Wer bin ich wirklich?
Fassade und Wahrheit
Du allein bist mein Stern
Nur du leuchtest mir
Ich löse mich auf und…
Fließe, wirble, ringe mich daher
Tausendfach breit und flüssig und schwer
Und wer weiß wohin.

Wunderzeit

1

Die Zeit ist voller Wunder
Die Welt ist voller wunderbarer Dinge
Ich steh mit dir davor und denk ich träume
Ich möchte auf einen großen Berg klettern
Und von dort nichts tun und nur herunter schauen
Auf die Welt, zeitlos und sorglos
Ich möchte all die schönen Dinge sehen
Auf die von unten die Sicht versperrt ist
Ich möchte dort droben den Wind wieder spüren
Ich möchte von den warmen Strahlen der Sonne durchdrungen
werden, durch und durch
Ich möchte den Regen spüren auf meiner Haut, das erregende
Prickeln
Und ich möchte sehen, fühlen, riechen, wissen, dass du da bist,
neben mir
Und ich möchte sicher sein, dass du all das auch empfindest
Dass du die Freiheit verspürst, die uns gehört
Dass du die Kraft verspürst, die unsere Gemeinsamkeit ausmacht
Dass auch du das Glück empfindest, das mein Herz durchströmt,
wenn ich weiß du bist da.

2

Die Zeit schlägt viele Wunden
In dieser wunderbaren Welt
Wunderliche Dinge sind um uns, die uns bedrängen und bedrücken,
als hätten sie ein Recht dazu
Doch wir träumen nicht
Auch wenn uns ein manches Mal die Zeit auch im Traum verfolgt
Uns bleibt kaum Zeit uns zu wundern
Aber wir leiden doch, wir winden uns und fühlen uns bedroht
Unsere Kraft schwindet dahin und verlustig geht der Sinn
So entreißt die Zeit uns unseren Willen
So gleiten wir apathisch in sie hinein
Und lassen uns in irriger Richtung mitziehen
Wir werden zum Spielball der Zeit und mit der Zeit wunderlich.
3
Auf dem Berg steh ich und seh all dies genau
Gib mir die Hand und halt dich gut an mir
Und gib auch mir Halt, dass wir dort fest stehen, hoch über all dem
So fließt die Zeit unter uns vorüber
Und wir bleiben was wir sind, jeder für sich und füreinander
Und schaust du nicht nur nach unten
So siehst du und wundere dich nicht
Noch viele weitere Berge, wo all die stehen, die ebenso glücklich
durchs Leben gehen
Lass unsere Liebe wie ein Berg sein in dieser Wunderzeit.

Rückenschmerz im März

Über ihn klagst du häufig
Meine Kleine
Es drückt dich das Leben
Wie ich meine sehr

Und du meinst das auch
Es sitzt tiefer!
Man spürt es in sich selbst
Eine tiefe Trägheit der Sinne
Rück(en)wärts definiert sich der Tag
Die Schultern voller Last
Kopfschmerz und Schlaffheit
Schlechtes Augenlicht
Trübsal im Herzen
Und vor dem Fenster ist es März
Wieder Frühjahr
Wieder Gedankenschwere
Du willst den Sinn des Lebens nicht
entdecken Ich tu so als ob
Doch auch ich falle, hänge, treibe dahin
Nichts schmeckt
Nichts macht Spaß
Nichts motiviert so recht
Einzig das Bett erscheint gut und bequem
Regen im März
Wolken im Herz
Allein in uns sind wir mit uns Trost

Alleinsein ist anders

Ist man nicht allein
Ist man nicht so kreativ
Ist man zu Zweien
Ist man eher intuitiv
Allein sein heißt Zeit für sich haben
Zeit für Gedanken
Zeit für Träume
Zeit für Unsinn
Zeit für Phantasie
Ist man allein fühlt man anders
Man Zeit zum tiefen Fühlen
Man schaut auf sich und in sich
Man spürt zu viel
Allein formuliert man
Allein schreibt man
Allein kommuniziert man mit sich
Um nicht allein zu sein
Sondern mit den Worten
Wenn ich bin in meiner Umwelt
Dann teile ich mich anderen mit
Bin ich allein
Greif ich zum Stift
Alleinsein ist anders
Alleinsein heißt anders sein
Anders sein heißt allein bleiben

Aber Rababer

Aber, aber, aber Rababer
Sonne, sonne, sonne rum
Licht im Leben
Wird's was geben mit dem Sommer?
Oder kommt der Winter doch
Was bringt die nächste Zeit?
Was bleibt zurück im Herbst?
Mit dir ins 3. Jahr
Lebenslicht du
Und aber Sonne
Rababerernte zum Trotz
Wird's was geben ganz gewiss
Werden wir leben mit dem Sommer…
Wie er ist.

Zeitfolge

Sturm See
Hat sich gelegt
Müde Augen unbewegt
Eisberge
Sind getaut
Rückenschmerz ist erlaubt
Winterschluss
Frühlingsdurchgang
Sommerplanung
Wohin mit der Freizeit?
Stress ganz anderer Art
Arbeitsüberdruss
Nackenschmerz
Auch nach Erfolgserlebnis
Kindertag als Déjà-vu
Wohin soll das gehen?

Faule Laus

Deine Lust zu hören
Deine Lust zu kehren
In meiner Seele zu forschen
Kratzt meine Eitelkeit
Oft tiefer als ich will
Ich weiß es steckt in mir
Ich weiß du suchst in mir
Was ich selbst oft suche
Es reicht nicht nach 30 Jahren
Nur in mir die Worte aufzusparen
Die sich entwickeln und…
Wieder neu und besser sein…
Können als alles was…
Zuvor jemals Teil meiner Feder war
Es will mir nicht reichen
Ich muss da raus
Ich muss es aus mir kreischen
Ich will nicht bleiben diese faule Laus.

Farbenmann

Im letzten Herbst kreativ
Aus tiefer Seele farbenfroh
Doch trist banal
Ein kleiner Spuk
Nur einmal genug
Nicht viel Energie
Beginn einer schlaffen Zeit
Umzug ins Grüne
Umzug im Geist
Trägheit der Finger optimal
Wenig Lust zur tiefen Versenkung
Wenig Gedanken um die Welt
Wenig Kraft
Wenn nicht deine Liebe gewesen
Wenn nicht deine Nähe mich gehalten
Ein Bild aus letzter Farbenkraft geschafft
Bin kein Farbenmann
War kein Farbenmann in dieser Zeit.

Knitterpapier

Hier
In Nähe von dir
Stimmengewirr
Offenes Fenster
Im Rücken
Druck in der Blase
Wind in der Nase
Licht von zwei Seiten
Zettelpoetische Zeilen
Unbestimmte Motivation
Mit Ironie
Ein Blick nach vorn
Bei Rückenschmerz
Mit Zorn zurück
Kein Scherz
Hier
Von dir entfernt ein Stück.

Wörterspiel

Mit Sehnsucht in Trauer
Bei Sonne im Schutz
Tasten zum Ziel
Mit Geometrie am Ende
In Ruhe im Winter
Durch Wald ins Licht
Auf Papier zur Hoffnung
Mit Mut und Zauber
Im Sinn aus Trieb
Durch Schnee im Spiel
Ganz hell als Literatur
Zum Frieden in Gefahr
Wie Magie der Seele
Der Planet des Sommers
Auf dem Tisch ganz groß
Mit Tinte im Traum
Aus Stein ganz leer
Mit Kraft im Kreis
Wir grillen auf dem Stuhl
Sehr stark mit Füller
Und Phantasie im Sand
Aussichtslosigkeit mit Gewicht
Durch Feuer in die Flasche
In Grün das Bett
Im Glück auf dem Meer
Die Sperre im Herzen
Viel Wärme zum Wein

Mit Farbe aus Holz
Zur Geborgenheit in den Wellen
Hinter dem Zaun die Menschlichkeit
Der Frost im Wasser
Die Blätter im Topf
Der Sturm auf der Insel
Vor dem Wall ein Tier
Religion als Glaube
Aus Durst zum Baum
Wir Kochen im Streit
Unter Palmen das Spiel
Die Schöpfung im Buch
In der Kirche nur Hass
Außen Eisen und Liebe
Zum Schutz am Strand
Mit Zorn wie Gott
In Schrift die Lüge
Unsre Liebe Metall
Beim Sex Hilflosigkeit
Als Schildkröte in Wut
Mit Stab die Wahrheit
Hinter der Mauer eine Uhr
Im Wind keine Hilfe
Zur Zeit der Nachbar
Am Anfang war Verlust
Die Schwäche gibt Energie
In Dunkelheit bleibt der Mond
Am Start in der Bahn
Das Wetter im Strom
Auf der Reise in Sicht
Mit Vertrauen beim Tanzen
Ist Schluss mit dem Niederschlag
Der Tod bringt Bewegung

Nur Musik für den Fisch
Am Ende ist Nebel
In Not kein Halt
Am Meer nur Übel
In Sicherheit ist Glück
Vor Schmerz kommt der Sturz
Mit Hilfe dem Sport
In Elend und Krankheit
Verliebt ganz süß
Alltag im Tag
Der Sieg bleibt arm.

Regenflug

Regenflug und Silberschleier
Platscht in den Tränenteich
Regenschauer Sonnenwechselflug
Wut im Kraut
Zwischenhochpause
Wäscheleid
Regenfrühling in den Sommerzeit
Weg zum Lokus durch den Dschungel
Sitzung im Regen
Regen im Kopf
Regt sich da noch intelligentes Leben?
Es regt, aber wo?
Am nassen Arsch oder so
Es tropft im Hirn
Der Schweiß auf der Stirn
Zum Silberteich auf Teppich-Boden-Schlund
Regenfall und Tränenschleier
Ofen Duft
Computerschrott zwischendurch
Es klopft
Der Sturm kommt rein, mit dem Regen
Dabei hab ich mich doch so gefreut
Aber, nicht mein Tag
Mit der Silberschale im Regenflug
Hab ich für heut genug.

Diebisch

Derwisch
Lieblich
Nass
Er wischt
Liebesvoll
Feucht
Erwischt
Diebisch
Liebestoll
Wässrig
Sie wischt
Liebt ihn
See
Gewischt
Geliebt
Trocken
Gestohlen
Herz
Staub.

Rhein nah

Rheinufer Rheinschiff
Rheingedanken
Rheinriff
Rhein und so
Abendfahrt Luftfahrt
Luftsprung
Grün und so
Waldgedanken
Waldszenen
Abendwald Waldluft
Kalter nasser Rhein
Muss jetzt sein!

Wirrwarr

Wirrwarr
Wie wahr
Wunderbar
Unwahr
Wahnsinn…

Herbst nach dem Sommer

Blumen im Doppeltopf
O-Saft mit Wasser Gedankenmetapher
Kastanien auf Herbstlaub
Opernprogramm im Kopf Kaffee im
Becher drin
Wie fang ich's nur an? Gedankenfassade
Wirrwarr im Sinn
So viele Dinge sind in mir drin Müde
Abende hier
Zwischen Kochen und ausruhen
Hausarbeit im Nacken
Wäsche Foyer
Lesung Berieselung TV
Oh je
Bin ganz unkreativ schlapp Die Luft
wird mir knapp Dunkelheit erdrückt
Rechnung je nun
Was soll man bloß tun?
Oder was soll man schreiben? Was soll
man denken? Blumen im Doppelkopf
Wasser im Hirn Gedankenraffer
Herbst auf der Stirn.

Meine Melodie

Du bist Melodie

Ein leiser Klang Musik

Ich lausche Phantasie

Ein Hang Monotonie

Ich denke deine Kraft

In starker Philosophie

Und finde Melancholie

In deiner zarten Haft.

Ich denk halli

Hallo li
Li hallo
Halli
Du bi du
Tralala
Denk an dich wie nie
Fühl dich ganz nah
Spür in dich rein
Wärm mich an dir
Du bist ganz mein
Mhmm, Hmhm, Mhmm
Lalala
Tu, tu, tu
Tralala
Wie nie denk ich an dich
Ganz nah wühl ich in dir
Ganz tief ich dich jetzt spür
Ganz heiß wird mir bei dir
Mein ganzes Glück bist du
Schubididu Dadam, dadam
Halli, halli Tralala.

Geld

Geld
Nur Geld
Alle wollen
Alle denken nur an
Alle jammern
Alle strampeln
Keiner lebt.

Sommer Erinnerung

Toskana
Toskana nah
Toskana hier
Toskana weg
Toskana.

Wo sind die Utopien geblieben?

Wadilo

Wadilom

Wadilum

Walo

Walim

Walilum

Wa

Wal

Walu

Wali

Wala

W

Wl

Wlu

Wli

Wla

Wadilo!

Davor

Fast 30
Und dann
Was danach?
Wohin?
Welchen Sinn?
Was noch?
Was vergessen?
Was sein?
Was noch werden?
Fast noch jung
Fast schon alt
Trost
Trostlosigkeit
Mir ist kalt
Und dir?

Moment

Den Moment verschnaufen
Zeit halten
Das Gehirn anhalten
Bleiben im Jetzt
Verstehen hier
Neu beginnen
Immer wieder
Immer wieder
Immer wieder
Wieder
Wieder
Wieder
Wie?
Den Moment greifen
Die Zeit einseifen
Mit Humor!
Sich fest denken
Jetzt den Augenblick verstehen
Und gewinnen immer wieder.

Sein

Kalt und Dunkel
Laut und müde
Schlapp und ängst-
lich Schroff und rü-
de
Arm und dumm
Verkniffen und prüde
Warm und hell
Leise und wach
Fit und mutig
Sanft und zärtlich
Reich und schlau
Klar verständlich
Lebendig oder tot.

Der Hanswurst

So hast du es geschafft denkst du
Doch weißt noch nicht genau was kommt
Der Stress erst mal lässt dich in Ruh
Träumst schon vom Lehrerleben prompt
Gemütlich du den Urlaub planst
Geistig in Wien den Kaffee sahnst
Verträumt die Nase hoch im Wind
Schon Nordseebrise dich beschwingt
Doch warte nur du armer Wicht
Bald ist das neue Jahr in Sicht
Und mit ihm wird das wirst du sehen
Ein Wandel durch dein Leben gehen
Nichts wird so bleiben wie es ist
Sobald du echter Lehrer bist
Die Schüler vormals noch so brav bei dir
Sie werden nun zum Ungetier
Und wenn's auch gibt noch ein paar Net-
te Du fühlst dich schnell als Marionette
Du strampelst dich für sie nur ab
Die Meute lacht sich drüber schlapp
Oft wirst du darum sein erbost.

Ein anders mal die Bengel loben
Es wird dich quälen mancher Frust
Lässt dich an ihren Fäden toben
Dein Sachverstand hart antrainiert
Wird dir bewusst ist nie gefragt
Dein gutes Herz schnell abserviert
Vom Besserwisser-Elternrat
Sie sind ganz ohne Wissensdurst
Du weißt so fühlt sich ein Hanswurst
Drum stellt sich bald die Frage dir
In welchem Tollhaus bin ich hier?
Von Tag zu Tag lernst du verstehen
Du musst für immer dorthin gehen!
Alsdann beginnt bald das Gewinsel
Nach Ruhe, Strand und Palmeninsel
Denn so ein Schuljahr kannst du glauben
Das kann dir alle Nerven rauben
Doch erst mal noch sollst du genießen
Und mit uns den Erfolg begießen
Und später dann wir sind gehässig
Bleib trotzdem immer cool und lässig!
So wirst du dann du wirst es sehen Nur
leicht lädiert das Jahr bestehen Und dafür
hier so nebenbei
Unsere beste Wünscherei.

Summ summ

Summ di dumm
Di dumm
Mein Herz macht
Bumm Bumm
Summ tara lala
Du bist wieder da!
Hab an dich gedacht
Hab dich sehr vermißt
Hab von dir geträumt
Im Sonnenlicht
Summ di dumm
Immer mehr
Ich liebe dich sehr!

Fräulein Mister

Wenn ich so hier sinne
Im Gedanken in mir drinne
Tief verstrickt in meine Zweifel
Tief im Bauch flaues Gefühl
Mr. Angst auf meinen Schultern
Fräulein Feigheit im Gemüt
Wenn ich so an meinen Mut mich klammere
Im Gedanken träumen will
Tief bestrickt von meiner Hoffnung
Und im Kopf ein Hochgefühl
Mr. Teufel reitet mich
Fräulein Wahnsinn kennt kein Ziel
Du allein bist meine Brandung
Bist mein Hoch und bist mein Tief
Nur mit dir komm ich zur Landung
Ist die Zukunft schon verbrieft.

Liebe Schnuckelmaus

Es ist so einsam und leer hier zuhaus
Wenn du nicht da bist
Dann wünsch ich so sehr
Das ich jetzt ganz nah bei dir wär
Ich schau hinaus
Das Wetter ist trüb
Die Nacht ist schwer
Hinaus möcht ich heut nimmer mehr
Doch dem Zeter geht der Nutzen aus
Ich weiß, ich weiß ich muss noch raus
Also was soll's, geschwind, geschwind
Durch Tür und Fenster pfeift der Wind
Versonnen denk ich, wie Tropfen schwer
An all die Wonnen hinterher.

Morgen

Ich denk so viel an morgen
Und dann?
Ich denk so viele Sorgen
Bis wann?
Ganz tief in mir verborgen
Begann
Was gar nicht enden kann
Heute ist es nicht anders
Doch denk ich oft ich kann das
Und hol mir daraus Kraft
Mit aller Macht verdräng ich
Was innerlich beengt mich
Und denk ich hab's geschafft
Aber tief in mir verborgen
Da stecken noch die Sorgen
Da sitzt die Angst vor morgen
Und trinkt mir Lebenssaft
Ich denk so viel an morgen
Und dann?
Mein Herz ist voller Sorgen
Wie weit?
Ganz tief in mir verborgen
Nur du bist Helligkeit.

Mein Wort

Wenn ich im Geiste
Dich jetzt seh
Tut mir das Herz
ganz dolle weh
Auch wenn ich bin
Von dir weit fort
zieht's mich zurück
An diesen Ort
Darauf mein Wort.

Abschied

Ich sitze hier gedankenschwer
Die Musik spielt munter auf
Ich esse lustlos, schlaf noch mehr
Der Arbeitstag nimmt seinen Lauf
Im Schlafzimmer weiß ich liegst du
Im Geiste leg ich mich dazu
Mach meine Gedanken leer
Mein Ohr an deiner Brust: Klopf, klopf
Mein Mund küsst dich mit Lust
In deinem süßen Schlaf
Den ganzen faulen Tag
Wie schön das wär!
Doch unerbittlich nur
Die Uhr, sie läuft voran
Deswegen ich jetzt hier
Auch nicht mehr weilen kann
Adieu mein süßer Schatz
Bis dann.
Ich möcht ganz in dir stecken
Ich will dich kosten überall
Dich aufnehmen im Überschwall Und
will auch deine Kirsche sein Dein al-
lerliebstes Leckerlein Wenn ich dich
so seh
Nur schweren Herz ich geh.

Mein Zauberschatz

Mein kleiner Zauberschatz

Mein süßer kleiner Fratz

Ich kuschle mich so gern bei dir

Ich schnarch mich an dich rann

Ich streichle gerne dein Revier

Und saug am Busen was ich kann

Ganz warm und dicht, da ist mein Platz

Ich lieb dich so, mein Zauberschatz

Ganz, ganz

Ich muss fort von hier
Doch meine Gedanken sind bei dir
Ich muss hinweg, zu irgendeinem Zweck
Doch lieber würd ich bei dir sein
Dir ganz, ganz nah sein
Zu dir ganz, ganz lieb sein
Dich ganz, ganz tief spüren
Mit dir ganz, ganz lange schlafen
Aber ich muss fort
An einen weit entfernten Ort
Und ich denk an dich auch dort
Weil dann bist du so weit fort
Aber viel von mir bleibt hier
Meine Liebe ist bei dir
Meine Kraft
Meine Treue
Meine Zärtlichkeit
Meine Wärme und noch mehr
Nur mein Schwanz, der bleibt bei mir
Doch will er auch zurück zu dir.

1997

Die Schachpartie

1
Figurenspiel
Königsblick vom Eckturm
Weite Sicht aufs Schlachtfeld
Der Wunsch nach einem Sturmangriff verraucht
In meiner wunden Seele…
2
…Ich bin 30
Verdammt lange schon
Verdammt wenig getan
Seitdem, davor, überhaupt!
Ich sitze seit Monaten vor dem Brett des Lebens
Und tue, verdammt nichts
Ich lasse es geschehen
Wie mir alle Figuren verloren gehen
Vielleicht außer der Herzdame
Aber wer weiß wie lange
Wenn nichts mehr übrig bleibt von mir
war die Vergangenheit
Kreativität tief verborgen heute
Damals war sie offenbar
Ich schrieb um mein Leben
Heute lasse ich mich schlagen
Ich lasse es mich ertragen
Ich fließe dahin
Aber wohin?

Schweigen in mir

So lange geschwiegen
Warum?
Und doch schrie, schreit es noch in mir
Es schlägt mir auf den Magen
Nicht wahr!
Es verleitet mich zum essen
Es wühlt in mir, in meinem Kopf
Es verstopft mich
Es frisst mich auf
Es lässt mich untergehen
An der Platte und im Nordseeeis mit dir
Verrückt, nicht wahr?
Es liegt schwer auf meiner Zunge
Es ist immer noch da
Es hält mich gefangen
Es beginnt meinen Verstand zu erlangen
Wortestau
Trotz gelegentlicher Ausbrüche in die raue Luft
Verbitterung
Mutlosigkeit
Die Pest im Duft
Ein Schweigen, das stinkt zum Himmel
Ein Flimmern in der Luft
Und Schweigen wird zu Schreiben
Weil es mich ruft!

Meine Zeit

Deine Hände auf mir
Ich brauche dich so sehr!
Aber ohne mich zu verlieren
Wo bin ich?
Jetzt!
Wo?
Wo ist der Dichter in mir
hin?
Wo ist die Kunst?
Wo ist die Kraft?
Die mir meine Zeit schafft
Meine Zeit kommt
Aber ich muss sie mir holen
Tief aus mir
Ich darf sie nicht verlieren!
Mit deinen Händen fühl ich
an sie Ich fühle sie noch
Sie lebt doch!

Zeitschmerz

Schmerz im Bauch
Dick ist er auch
Fett wie bekannt
30 Jahre in Bilder gebannt
Viel Zeit dahin
Nur du bist mein Sinn
Tief in mir drin
Bei all dem anderen
Gerümpel
Ich dümple dahin
Vor aufgestautem
Schmerz
Und Wut und ihr wisst
schon
Nimmt mir den Mut und
die Kraft
Sammle Pleiten und
Ängste
In wechselhaften Zeiten
Zeige starre Mine die
blufft
Wie gut ich darin doch
bin
Oh mein Kater schwarz-
weiß
Fressen, bumsen und
Scheiß
Sind wir uns nicht ähn-
lich?
Bauch voller Frust
Schwanz immer dick
Werd fett ohne regelmä-
ßigen Fick
Auch Selbtgebrauch
Bilder im Kopf

Liebeszettel

Hallo liebe Maus
Jetzt bist du endlich zuhause
Den Kopf wie immer voller
Gedanken Das Herz voll Sehnsucht
schwer
(Das hoff ich doch sehr)
Darum muss jetzt und gleich
Ein Liebeszettel her
Der Zettel den du so vermisst
Stets unsichtbar geschrieben ist
Auf ihm da steht
Was immer wahr wird sein
Mein Herz ist ohne dich allein
Und damit mein ich nicht nur Triebe
Mein Mauseschatz ich meine Liebe.

Was ist ?

Was zieh ?
Was flieht?
Was kriecht?
Was fleucht?
Da um mein Herz herum
Was klopft?
Was brummt?
Was hämmert und was summt?
In meinem Herzen drin
Was schmeckt?
Was riecht?
Was erscheint?
Was ist da zu hören?
Und fühlt sich da so gut an
Was ist so rätselhaft?
Und doch so klar
Was scheint so unglaublich?
Und doch so wunderbar
Da fällt mir nur eines ein
Es kann nur Liebe sein.

Spür dich in der Nacht

Denk ich an dich

Sehn ich mich nach dir

Träum ich von dir

Liegst du doch neben mir

Fühl ich dich in der Nacht

Wenn ich kurz aufgewacht

Spür ich deine Wärme und deinen süßen Duft

Dann streichle ich dich sacht

Und unser Glück liegt in der Luft.

Keine Sekunde

Kalender Klettern
Bei stürmischen Wettern
Regen ohne Ende
Geflatter im Dunkel
Katzengemunkel
Harte Woche vorbei
Was kommt ist dasselbe Einerlei
Telefonanrufspiel
Wochenende im Wald
Sorgen von dir in meinem Bauch
Auch noch halt
Triumph an der Platte!
Gutes Gefühl nach langer Zeit
Genau rechtzeitig
Jede Sekunde voller Gedanken
Keine Sekunde leer
Oder doch?
Abwesend bin ich manchmal
Manchmal auch bei dir
Nun bist du wieder weit weg
Schon eine Woche her
Alle Vorsätze, alle Ängste
Die Zeit lastet schwer
Jeder Sekunde mehr.

Eine Vision bleibt

Bad Honnef 1997 schon 30 oho!
Ein Kölner Bibliothekar ist es ebenso.
1995 kreuzten sich unsere Wege ein Stück.
Mit viel Engagement zu unsicheren Ufern zurück.
Das Ende vor Augen von Anfang an.
Aber warum nicht ?
Mann tut was man kann.
Sprung ins Wasser.
Brrrr! War das kalt.
Mit zwei netten Kolleginnen gelang es doch bald.
Den Kopf voller Ideen.
Mit Lust am Erfolg.
Starke Nerven bei Drahtseilakten,
Kinderspaß und Verwaltungspakten.
DIDIDELUM!
Die Zeit war um.
Was bleibt ist in mir.
Und ich halt es fest hier.
Es ist nicht nur Vision.
Die Erinnerung mein Lohn.

Zeitlos

Nun kennen wir uns doch schon gut
Die Zeit ist zeitlos für uns beide
Wir lieben uns so wie wir sind
Und in uns steckt ein starker Wind
Ein Sturm der in Bewegung hält
Was anderswo in Schlaf verfällt
So ist in uns und an uns stets
Der Geist der Liebe unterwegs
Auch wenn wir unsere Schwächen wissen
So möchten wir sie doch nicht missen
Du bist so sehr ein Teil von mir
Ich laß die Finger nicht von dir
Denn dieses bei uns sein ist schön
Es dürfte nie vorüber gehen
Auch wenn uns Alltag täglich trennt
So werden wir uns doch nicht fremd
Stets können wir uns an uns lehnen
Und sei es auch nur durch ein Sehnen
Wie sehr die Zeit also verstreicht
Unser Gefühl bleibt unerreicht
Darum, immer wenn ich denk an dich
Ich weiß ganz fest ich liebe dich.

Konfirmation

Es ist gewiss
Nun bist du Christ
Nach angemessener Übungsfrist
Heut ist der Tag
Nun wirst du reich
Mit einem Schlag
Doch nur an Frömmigkeit und Geld
Bloß ist dies ja auf dieser Welt
Nicht alleine das was zählt
Es gibt noch viel mehr zu entdecken
Außerhalb der Taufbecken
Darum rat ich dir ganz unverwandt
Schau öfter noch mal über 'n Rand
Hau auf die Pauke
Mach was los
Und such den Spaß wo er ganz groß
Genieß das Leben wo du kannst
Was dem nicht glückt der sich verschanzt
Du solltest möglichst viel studieren
Und von allem mal probieren
Sei immer mutig ohne Angst
Liebe die Menschen wo du kannst
Bleib nachsichtig und mit Gefühl
Doch folg entschlossen deinem Ziel
Je mehr du mit dem Leben ringst
Je mehr du auch von ihm gewinnst
Hör auch den Alten manchmal zu
Doch was dein Herz sagt schließlich tu.

Gedankental

Verborgene Gedanken
Langes Schweigen im „Buch der Träume"
Anderer Grund
Flattern herum
Gedankenklammer
Bin 30 inzwischen
Muss mich hier erwischen
Bin sprachlos auf so manchen Geschehen
Einzig unserer Liebesgeschichte
Wird voller Glut weitergehen!
Wo war ich inzwischen?
Wo war meine Schreiblust?
War es Schreibfrust?
Ich war getaucht
Verbraucht
Gebraucht
Versunken
Verborgen
Im Gedankental.

Zweifel

Endlose Zweifel
Alte, festgenagte Zweifel
Klammern um mein Herz
Auf Hasen Füssen
Mit treuem Kuhmaul
Kann ich meinem Talent
trauen?
Überschätze ich mich?
Reißt mich der Druck mit?
Lähmt mich die
Notwenigkeit?
Oder werde ich inspiriert?
Ich möchte mich zurück
reißen
In die Bequemlichkeit
Zurück in die Normalität
Um mich dort zu
vergessen
Nein, da hab ich keine
Zweifel.

Voll

Ganz voll
Gedanken
Umbruch
Über Schranken
Gedankenfass
Ohne Boden
Ängste Turm In
mir
Ganz in mir Ich
Voll
Ganz voll
Schranken
Bruch
Mit Gedanken
Lass es zu
Ich lass es zu
Es wird gehen
Ich weiß es.

Wahrheit

1

Nichts ist schöner
Als die Wahrheit
Manchmal jedoch
Ist die Wahrheit kaum zu ertragen
Und außerdem
Trägt jeder seine eigene
Wennschon.

2

Was fällt mir ein
Zu dem Schlammassel?
Mir fällt gelegentlich ein, dass
ich Wenn schon mit den Beinen
tief drin Nicht auch noch
Selbst den Kopf hinein stecken
muss.

3

Es wird höchste Zeit
Das ich dir wieder schreibe
Jenseits aller Hysterie in meinem
Kopf An Punkt 3.

4

Kalendarium durchs Jahr Ein
Zeitspiegel und mehr Schau gern
zurück
Schaudere zurück sehr
Was bleibt?
Was geht?
Immer mehr zu spät.

5
ID-Zettel-Not
Noten für den Bibliothekar
Was bin ich?
Was weiß ich, was ich war?
Wiedermal in einer Lebenskrise
Blockier ich mich selbst?
Die Entscheidung schwimmt
vor sich hin.

Ich

Ich muss darüber reden
Reden über mich
Über Triebe
Über wahre Liebe
Über Verzweiflung
Über all die gleiche Scheiße wie früher
Wie sie immer in mir war
Existiert in mir noch immer
Ich bin soviel
So viel Gegensatz
Dass es mich sprengt manchmal
Ist jeder so?
[Kann sein, kann auch nicht sein, würde Kleist sagen,
durch den
Mund von Kolhaas
Ich muss mit mir leben
Muss ich mich lieben?
Ich kann mich kaum ergründen
Seit einiger Zeit bin ich cool und schön Das gefällt meiner
Eitelkeit
Aber wohin bringt mich das?
Ich habe aufgehört zu erfahren
Ich habe aufgehört zu planen
Ich stehe außerhalb von mir
Ist das gut oder schlecht?
Weiß ich es?
Ich muss darüber reden

Juli 97 vor Punkt 3

Autosorgen, Sorgen, sorgen …Auto!
Pünktlich zum Sommer
Rechtzeitig vor dem Urlaub
Kohledruck, Ohjeh…!
Rotes Rohr nur ein läppisches Jahr
Noch Italienstöße
Kurz vor Frankreichtraum
Obwohl Sorgen genug oder?
In letzter Zeit —
Den Kopf voller Pläne
Entscheidungsnachwehen
Was nun, wohin?
…Und alle Kosten im Sinn
Was bestimmt das Leben?
Ob im Sommer oder wann?
Soviel Hirnverstopfung
Magendrücken und Jobkloos
Im dicken Hals
Das alles nicht erst im Juli
Aber immerhin Punkt 3
In Sicht!

Libellensee

Drei Wochen Flucht
Zwei Wochen Fremde
Landschaft
Leute
Mauern ohne Ende
Andere Gesichter
Geräusche
Lichter
Historische Plätze sehen
Im Geiste wandeln und verstehen
Die Sonne aus der Waagerechten schauen
Die Stellung verdrehen
Durch dunkle Gläser
Mit unvertrauten Kappen
Auf dem Schutzlosen Scheitel
Auch Sand und Meer
Doch mehr See und Gras
Vogelscheuchenparade

Libellenkonzerte
Bei Flügelschlag im Fahrtwind
Mit teurem Auto wir unterwegs sind
Keine andere Wahl der heißen Qual
Aber die Wahl wann und wo
Man es treibt
Sich aneinander reibt
Mit Fantasie oder banal
In schwindelnden Kurven
Dreht sich dein Magen mit
Und alles kostet Sprit
Solchen und solchen
Und wo Rebstöcke uns umzingeln
Schritt auf Schritt
Tauchen wir ins kühle Nass
Wo immer wir können die Lippen
Nach jedem Frühstück
Folgt das Programm uns mit
Doch schon naht das Ende
Und ich schreib zwar für dich
Aber finde keine Worte
Keine Wortenwende
An unserem Jubilee
Drei wären schon genug
Halt, jetzt weiß ich sie ganz schnell:
„Ich liebe dich“
Die sind zwar nicht neu und auch nicht sehr klug
Aber immer wieder originell.

Royal-Blau

Kann mir die Farbe helfen?
Blau, blau
Tief blau
Schön
Schön einfach
Leben
Dicker Bauch
Blauer Bauch mit rotweißen Streifen
Alltägliche Not
Bedürfniss Koller
Essen, Trinken, Winken
Irgendwann Abwinken
Mit blauem Tuch
Königlich
Tief im Blau
Im blauen Wunder
Farbe macht hilflos.

Gefunden

Finden wir was?
Wir finden was
Was finden wir?
Nichts
Doch, wir finden was
Wir finden doch was
Was finden wir doch?
Finden wir doch was?
Nee!!!
Wo findet es sich?
Es findet sich nicht
Von selbst
Wo ist es?
Es ist
Gefunden
In mir
Was?
Tief
Ganz tief drin
Es schlägt in mir
Noch immer
Ich weiß es
Weiß es!
Weiß es!
Verdammt!
Verdammt!
Bum, Bum, Bum.

Achterbahn

Wie gebannt
Im Strudel der Geschehen
Achterbahn der Gefühle
Die über mir ergehen
Kein Licht mehr zu sehen
Kein Verstehen
Kein Mut zum Mut wird belohnt
Kämpferseele entstehe in mir!
Ich liege darnieder
Wo ist mein Siegesgesang
Zerschundene Seele
Beleidigter Stolz
Du genau plagst mich
Machst meinen Kopf zu hohlem Holz
Ich will auferstehen
Ich will mir treu gehen
Wohin auch immer.

Wand aus Wut

Stein für Stein
Runter reißen
Doch wie soll es gehen?
Umgeben von Scheiße!
War schon fort
Klebe doch noch Vorort
Finde hier nur ein Wort
Jeden Tag mehr fällt es schwer
Alle gute Gedanken werden erstickt
durch selbstsüchtige Ignoranz
Wo schützt mich mein Panzer ganz
Immer mehr wunde Stellen
Warum kein Glück?
Warum kein kleines, faires Stück Wut?
Ausbeuter und Nerv Töter siegen
Wo ist meine Insel
Flucht!

Dadidum

Dadidum
So manches läuft dumm
Und man weiß nicht warum
Und man fühlt es tut weh
Oh weh!
Ich hab dich so lieb
Darum sag ich: Verzeih!
Denn was immer geschieht
Der Ärger verfliegt
Weit an unseren Herzen vorbei
Dadidum.

Toter Mut

Toter Mut
Gestorbene Kraft
Wach auf
Letzter Saft
Bleib dran
Aufgerafft
Stell deine Fahne in den Wind
Mit jeder Kraft
Bleib du
Was du schaffst
Liebe was du kannst
Befreiung
Von der inneren Fessel
Und wirf dich in den brodelnden Kessel
Du siegst gegen alle
Auferstanden aus der Falle
Solang mein Leben Liebe ist
Solang du bist.

Klage 97

Ein verflixtes Jahr Stress über
mehr!
Kaum auszuhalten
Nicht abzuhalten
Alles Gute versinkt
Im negativen Gesamteindruck
Trotz toller Lichtblicke
Der Pleitegeier schwebt
Ich stecke tief im Tief
Gemütsmäßig und so
Wo soll das bloß hin
Wann kommt die Befreiung
Aus Solingen?
Ich muss raus aus diesem Irrenhaus
Ein verflixtes Jahr
Ein verflixtes Hin und Her
Gefühlsfallen überall
Sitze in der eigenen Patsche
Vor dem unaufhaltsamen Zeitraster
Mit leerer Börse
Und lebe, liebe doch sehr gut
Aber wie lange noch?

Ich nehm dich mit

Die Uhr nimmt ihren Lauf Schon wie-
der muss ich auf Dann sitz ich hier
und kritzle Dir was liebes auf
Während ich Kaffee sauf
Ich lieb es so
Bei dir zu sein
Und lass dich viel zu lang allein
Auch heute komm ich spät zurück
Doch nehm ich dich im Herzen mit
Dort sitzt dann die Erinnerung
An was wir beide gerne tun
Ich spür dort deinen weichen Mund
Und auch die Busies, die sind rund
Und tiefer unten fühl ich noch
Gedanken an dein ...
Ach ganz und gar kriech ich hinein
Möcht immer, immer bei dir sein.

Der Weihnachtssong

Wieder kein Schnee
Soweit ich das seh
Wieder nur Regen
Der ist nicht verlegen
Also sitzen wir hier
Im neun Quartier
Und singen schon wieder Die
Weihnachtslieder
Der Kalender ist voll
Von einigem Groll
Ne Menge ging schief
So im Jahrestarif
Doch was Schönes geschah
Ist immer noch da
Und was stets uns war lieb
Na klar, auch das blieb
Drum können wir in Ehren
Uns dicke bescheren
Und mit einigem Mut
Etwas lustvoller Glut
Ist an dieser Jahreswende
Unser Streben nicht zu Ende
Als darum, wie ich das seh
Fällt bald doch noch Schnee
Und um Elan nicht verlegen
Wollen wir uns regen
Wir sitzen dann froh
Arm in Arm und so
Auf diesem kleinen Schisselong
Und singen halt den Weihnachtssong.

1998

Neujahrsblues

Stevie Ray ist tot,
lange schon
Schäfchenwolken ziehen,
mit rötlichem Rand,
in ein unbekanntes Land.
Noch leuchten Weihnachtssterne
im Fenster zur Welt.
Sie ist dieselbe, unbestellt.
Stevie R. lebt immer noch,
ich höre ihn in mir doch.
Schummriges Kerzenlicht
und niemand spricht.
Reminiszenz an die Vergangenheit,
mit Kinderbildern in meiner Sicht.
Auch Tannenwipfel,
tragen noch ihr Licht.
Sagen: Stevies Erbe hat Gewicht!
Es liegt in meinen Eingeweiden
und zuckt durch meine Zehen.
Es strömt durch meine Heuer
und brennt in mir wie Feuer.
Darum mein alter Neujahrsgruß.

Allerlei

Neues altes neu,
bleibt schwer,
im Magen,
zu ertragen
und ist noch immer,
zu beklagen hier.
Ist es einerlei?
Schwer zu sagen
Allerlei ist es jedenfalls
und schnürt mir zu, den dicken Hals.
Ich kann jedoch nicht schreien:
Will niemandem verzeihen!
Will mich selbst zerreißen!
Und mir in den Hintern beißen.
Ach ja, allerlei ist schwer,
es geht immer hin und her.
Jedes Jahr beginnt zu kreisen,
trudelt schließlich immer mehr
und will mich am Schniedel reißen.
Ach ja, was ist schon neu,
jedes Arschloch bleibt sich treu,
darauf kann ich wetten.
Und darum ist für die Netten,
die Welt auch nicht zu retten.
Altes neuer alt,
bleibt schwer,
im Magen.
Der ist in Wahrheit leer,
doch im Kopf hör ich Klavier,
also leben wir.

Solingen dahin

Druck im Nacken
Nicht zu packen
Bücherschwere
Gedankenleere
Negative Energie
Unermüdlich
Wie nie
Es sind sie !
Aber wieso?
Weil…
ich weiß es nicht
Ist es überall so?
Wenn Gedanken töten könnten,
foltern können sie eh.
Tod ist außerdem alle Sympathie
Apathie
Wechseltrauer
Wechseltrauma.

Mauseliebe

Niedlich ist sie
Ein süßer Mund
Volle Lippen
Der Busen rund
Ihre Lenden sind wie Feuer
Sie zieht mich an ganz ungeheuer
Sie kriecht in mich
In meinen Herzschlag
Ich fühl sie sanft
Ich spür sie ewig
Sie ist mir Wärme
Wie kühle Frische
Sie ist mir Nähe
Und ferne Sehnsucht soweit ich in mir sehe
Sie ist mein Schatten
Und Licht in dunklem Tunnel
Zugleich ein toller Traum
In Wahrheit Wirklichkeit
Jede einzelne Sekunde
Und doch die Ewigkeit
Niedlich bist du
meine Süße
Und ich küsse zärtlich deinen Mund
Auf den Lippen Liebesgrüße.

Die Toten spielen mit

Warum?
Nun, sie spielen einfach weiter
Sie lieben das Spiel
Sie lieben es dazwischen zu reden
Es ist ihnen langweilig
Darum stören sie die Lebenden
Oder träumen sie nur,
dass sie tot sind?Oder träumen
die Lebenden von den Toten?
Das Spiel endet nie
Warum?
Wer weiß das schon?
Wer weiß schon alles?
Wer weiß was?
Über die Toten
Niemand weiß was genaues Aber
alle spielen mit
Sie sind gespannt was kommt Es
kommt ein Totenspiel!

Gesänge zur Liebe

Schönheit Sinn
Gedankenfluss
Im tiefen Brunnen ich bin
Und warte auf den rettenden Schuss
Was löst mir den Schmerz,
unter dem pochenden Schädel?
Was legt mir Fessel so eng?
Wo ist das Glück mir dahin?
Was bleibt ist mein Glück in der Liebe
Nicht wenig, es scheint mir zu viel

Übermächtig bin ich hier König
Gehöre eindeutig nur deinem Spiel
Doch nichts, kein Fitzel ist übrig
Mein Streben geht leer
Für jegliche weitere Ziele
Für all mein restliches Begehr
Ich sinne mit Trübsinn
Gedanken in Fluss
Ein Licht im Schacht
Da fällt ein Schuss
und schon ist Nacht.

Karneval neu neu

Politisch sein,
soll sein kritisch
Wogegen?
Krieg?
Schon wieder
USA und Saddam
Die Welt sieht es mit Kram
Und doch geifert sie nach Blut
TV-Wut!
Der Zug kommt auch
Die Menschen werden lustig sein wie nie
Keiner ist so frustig wie sie
Sie haben ihre eigenen Probleme

Deutschland leidet unter seinem Kapital
und den Knechten
Zu politisch?
Selbst wenn, hilft es nicht viel
Machtlos
Arbeitslos
Kraftlos
Kölsch her, lustig sein!

Traum vom Poeten

31
So alt schon
Und niemand kennt die Wahrheit,
hinter meiner Stirn
Außer meinem schlechten Gewissen
Soviel Zugeständnisse
Soviel Selbstzweifel
Wenn Stärke dann Übermut
Das ist nicht gut
Also schlage ich das Zelluloid
Warum wage ich nicht frei zu sein?
Weil man nie frei ist
Abhängig bleibt man
Wo auch immer auf dieser Welt
Der Mensch steckt in sich
und erkennt sich überall

Ich lebe nun schon 31
und weiß doch nur das
Was ich nicht weiß,
ist die Lösung
Aber ist diese Ausrede,
nicht immer das größte Hindernis?
Sie ist es!
Sie schleicht sich immer vorbei,
an jedem Versuch Neues zu wirken
Je älter, je leichter,
fällt sie einem zu
Marter des Kopfes
und jetzt beginnt der Verfall vom Rest
Die Beine zuerst,
das ist der Clou
Trotz sportlicher Erfolge,
was ich auch tue
31 schon alt,
gedanklich noch im Wald
Im Irrgarten der Lebensbäume
Und wieder kommt der Frühling bald
Und mit ihm kommen neue Träume,
oder sind die doch schon alt?

Freunde

Wir leben noch Freunde
Wisst ihr's?
Fühlt ihr's?
Glaubt ihr's?
Nebeneinander wie Feinde
Fragt nicht warum
Ich weiß es und weiß es doch nicht
Sind wir so anders?
Lebt ihr woanders?
Liebt ihr den Streit
mehr wie ich?
Ich glaube es nicht
Ihr leidet wie ich
Doch ihr könnt nicht anders
Eure Marke ist euer Gesicht,
denn ihr fürchtet die Schwäche wie ich
Stark sein heißt hart sein gegen andere
Und Schwäche heißt Unterwerfung
Ist so der Mensch?
Kann der Mensch Freund sein
oder nur Herrscher

und Untertan?
Wahre Freunde
gibt es selten,
denn Freundschaft,
bedeutet sich für die Erfolge anderer zu freuen
Ohne Neid!
Doch Neid regiert die Zeit
Seit Anbeginn
Das weiß der Mensch
Er kennt sich
Darum braucht er seine Propheten
und seine Erzähler
Also braucht er Erkenntnis und Hoffnung
Doch gibt es Gleichheit,
ohne materiellen Neid?
Gibt es Anerkennung und Verstehen,
ohne den Willen?
Hat der Mensch den Kopf zum Hader?
Freunde, wir leben weiter,
über unsere Zeit hinaus
Wichtiger durch unsere Rede,
als durch unseren Samen
Und noch wichtiger,
durch unser Wohltun an anderen,
als durch unseren Ruf
Ich weiß, auch mir gelingt das nicht,
also Freunde habt Erbarmen
Und sei es auch nur, der kleinste Schimmer
So ist schon das,
wahrer Freundschaftssamen
Was ihr auch wisst,
fühlt und glaubt für immer.

30 Jahre Maus

Was mir einfällt
Denk ich an dich
Sind tausend schöne Dinge
Drum weiß ich nicht
Ob ich sie wirklich alle
Dir auf Papier hier bringe
Ich möcht so viel dir sagen
Und vieles ist dir auch nicht neu
Was heute so zu klagen
Genau in dieser Zeit
Wir müssen es ertragen
Doch bin ich drum nicht scheu
Weil wir sind zu zweit
Du bist mein großer Schatz
In guten wie in schlechten Tagen
Mein Herz, das hat kaum Platz
So voll hast du's geladen
Nun hast Geburtstag du
Und denkst, lasst mich in Ruh
Mit allen Alltagssorgen
Zu mindestens bis morgen
Doch wichtig ist mir gerade drum
Dir mein Gefühl zu schreiben
Das mich umschlingt so um und um
Und Trutzburg ist im Leiden
Ach liebe Maus
Wie kann ich bloß

Mein Glück so groß beschreiben
Du bist, wie alt du auch an Lenzen zählst
Mein starker Lebensbaum
Mein Licht und meine Kraft
Du fließt durch meine Adern
Bist mein Lebenssaft
Du bist mein Schutzraum
Und mein Freiheitsdrang
Der Satz:
Hat deinen Lippenklang
Ich halt zu dir
Mein ganzes Leben lang.

Aprilion

Nach der See im März
Nach dem Crash ohne Schmerz
Vor der Zukunft mit Zögern
Vor der Wahl des Stillstandes
In der Geschichte der Zeit
Durch phantastische Poesie
Auf ungelegte Platten
Auf der Suche nach farblosen Eiern
Im weißen Brautkleid schon jetzt
Regentropfen am Fenster nach der Hitze
Ist da jemand verletzt?
Wird da jemand gehetzt?
Schon wieder April!
Wo ist mein Raumschiff?
Ich will hinauf, ohne Scherz!
Und komme vielleicht wieder im nächsten März.

Krankheit

Krankenzeit Regenzeit
Dumpfe Zeit
Verlorene Zeit
Spielezeit
Kater vor der Heizung
Wechselt mit mir die Zimmer
Zimmer der Zuflucht
Zimmer der Gedanken
Zimmer des Kranken
Dicker Hals
Immer im Frühjahr
Immer der Hals da
Wer will das hören?
Stürmische Nächte
Kampf mit dem Krampf
Wühl mich hindurch
Schweißgebadet
Im verräterischen Spiegel
Rotgesichtig
Unrasiert
Gedankenschlank
Halt krank.

Schwache Stimme

Krächzer
Gestammel im Orbit Undeutliche Gedanken
Kein fester Wille Stumme Endlospause Lie-
be zum Nichtstun
Verharren in der Schönheit
Treiben im Zeitstrom
Flattern an der Schmutzige-Wäsche-Leine
Schwache Hilferufe zum Herzen
Krächzer mit Schmerzen
Dort klingt der Weckruf herauf
Haut mir eins drauf
Und schreibt auf die Stirn:
Wach auf!

Das Lied vom Schmerz

1
Schmerz, Herz, Scherz
Ist der Traum kaum zu Ende
Hängt man am Baum behände
Malt es an die verschmierten Wände
Spürt es in der Lende:
Es kommt die Wende!
2
Lied vom vollen Bauch

Vom Druck auf den Augen
Von der Müdigkeit in den 30iger Knochen
Von der Verzweiflung im Gemüt
Vom Ärschli-Geflüt
sing ich ein Lied
3
Den Pillen-Blues!
Den stillen Schmerzensgruß
Währen dessen Sehnsucht …
Nach deiner ständigen Umarmung!
Versinke im wohligen Gefühl
Vergesse Schmerz und Anspruch zugleich
Treib mich herum im Tränenteich
4
Vor Schmerzen bleich
Von Selbstmitleid reich
Im Haus allein Scheich
Mein Herz bleibt weich.

Im Boot

Ich rudere kreuz und quer
Auf dem Lebenssinn umher
Das fällt mir nicht schwer
Doch es ist viel Verkehr
Und es wird immer mehr.

Niegelungen

Phantasie entsteht in mir leicht
Ich fühle rasche Worte
Ich gleite ab in ferne Welten
Und spiele Held am Wunderorte
Doch was hab ich damit erreicht
Den Kopf ganz tief in dieser
Torte Die Realität gesehen selten
Steh ich vor magischer Pforte
Wo ein Gefühl nur mich be-
schleicht Ein Fühlen dieser Sorte
Aus tiefer Innenwelt
Es sind mir nie gelungene Worte.

Lyrische Not

Tierische Not
Lyrische Not
Für das Schweigen
Im Stress der Zeit
Zeitfluss der ungesagten Worte
Worthülsen im Herzen
Tränen im Kopf
Lehne mich an deine Schulter
Du bist mein Wortkissen
Du bist mein Gedicht
Ohne tierische Anstrengung
Mit tierischer Lust
Und lyrischem Frust
Unbemerkter Kot im Bauch
Gibt mir die schlechte Note auch
Zensur fatal.

Tatort TV

Kinder sehen
Erwachsene diskutieren
Rund
Mit vollem Mund
Alte beklagen
Junge machen einen Kult
Um Serienmüll
Wer urteilt banal?
Einfach ist einfach zu einfach
Kinder erleben und streben
Helden sterben
Tatort Leben
Medien sind wichtig eben
Der Urmensch lebt
Tötet gerne!
Hat FUN
Spaß ist die neue Philosophie
Oder ist sie alt?
Die Alten beklagen die Pflicht
Die Gesichter vor Neid kalt
Kinder werd Pädagogen nicht
Hysterie ist immer neu
In jeder Zeit
Kinder sehen das als erste
Kinder sehen weiter
Alte sind nie bereit.en auch
alt

Computer Lyrik

Verlagshoffen im Mai
Was wird gehofft?
Zweifel allerlei
Vorträge
Nachträge
Abschreiben mit dem Gerät
Das Schreib-Gerät
Ist es noch wahre Lyrik?
Ist es noch echt?
Der Schöpferbildschirm
Die nächtliche Zeitfülle
Was schaffe ich aus der Tastatur heraus?
Sag es mir Maus!
Alte Hoffnung neu
Bin mir nun zehn Jahre treu
Alter Hase, ist doch scheu.

Kinder

Was sie uns plagen!
Die Plagen
Und leiden doch mehr
Viel mehr!
Man muss es immer wieder sagen.

Die Leiden der Maus

Computerleiden
Examensstress
Hass auf das Gerät
Alles ist zu spät
Ich leide mit, verschämt
Mir wird der Hals gedehnt
Sie schwitzt vor Frust
Das tötet ihre Lust
Sie tobt im Zimmer hin und her
Ich weiß sie hat es schwer
Wie ich seit fünf Jahren nicht mehr
Ich leide mit ihr sehr.

Sack

Ich leide
Und ihr leidet unter mir
Ich weiß ich bin schlecht
Es gelingt mir gar nichts recht
Zur Zeit!
Ich schlepp mich durch die Zeit
Ich stürze ab
Bin völlig breit
Hänge mit Seele tief hinab
In meinem Leid
Wie ein nasser Sack
Selbstmitleid ganz dumpf
Im Sumpf
Wie komm ich wieder raus?
Aus diesem Chaoshaus
Mir fehlt die Kraft
Mir fehlt der Saft
Die Leidenschaft
Ich bin ein Sack
FUCK!

Schöne Dinge

Du allein
Schöner Garten (meiner Seele)
Ich will in deiner Hoffnungsbucht
Aufs Wochenende warten
Gutes Essen
Prima Schmaus
Nette Kumpel
Süße Maus
Lutsche Magnum, wo ich kann
Auch an dir so dann und wann
Nen dicken Bauch gibt das auch
Du allein
Musst immer bei mir sein
Wenn ich ringe um den Verstand
Fühle mich verkannt
Unerkannt
In diesem Dichterland
Du allein
Schaust in mich rein
Weißt wie ich klinge
Und mit Verzweiflung singe
Um all die schönen Dinge.

Bitter

Viel Geflitter
Für den Ritter Kampf mit Splitter Kampf
mit Krampf
Gebrochene Lanz
Trauerfräulein im Gewitter
Rückzugsschloss mit Teich
Doch im Wasser liegt die Leich
Auch hier, sind tote Fische, wirklich tot
Oh, wo ist der Glanz geblieben?
Das Turnier verliert den Spaß
Die Fanfare beißt ins Gras
Die Jubler sind vertrieben
Wer bleibt, ist bitter, falsch und hintertrieben
Warum folgte ich dem Ruf, zum Beruf?
Währ ich doch daheim geblieben
Wofür mein Talent mich schuf.

Geistige Renaissance

Resonanz
Gartenlust
Gartentanz
Lebensfrust
Voller Bauch
Heut nicht ganz
Sonst auch
Wo ist die Frische?
Entscheidungsdrucke
Wo ist die Luke
Diskrepanz
Gartenluft
Gartenduft
Ignoranz
Blues im Ohr
4 Jahre vor
4 Jahre zurück
Großes Glück!
Damals wie jetzt dabei
WM Geschrei!
Einerlei
Und Gedanken rückgeblickt
1 Jahr der Hoffnung
Rose geknickt
Münsterland
Ist abgebrannt
Also Pech!
Und wir klopfen auf Blech
Ohne Chance
Auf Renaissance

Neue Sicht

Ich durchschaue mich
Nichts ist anders
Doch anders will ich es ertra-
gen Friede herrscht
Nach oben und nach unten
Die Faden und die Bunten
Sind zur Zeit nicht geladen
Doch ich weiß es
Es ist nur fauler Frieden
Denn zu oft schon ging ich
Arglos darin baden
Aber meine neue Stärke
Kommt aus schlichter Ruhe
Darum ich für mich bemerke
Das ich nichts zur Änderung
Meiner Lage tue
Das ist keine Dauerlösung nicht
Doch ist es eine neue Sicht.

Deine Klage

Ja ich weiß es
Deine Klage
Dringt in mich
Blind bin ich gewesen
Taub und stumm
Hab dich allein gelassen
Sehr musst du mich hassen
Da ich Fels sollt sein
Für alle deine Pein
Da ich dich umschlingen sollt
Um dir Schutz zu geben

Da ich reißen sollt dein Werk wie Wolf
Fördern sollt dein Streben
Ich ließ dich allein
Im freien Raume schweben
Darum ist auch recht
Mein schlecht Gewissen eben
Ich weiß es
Muss es tragen
Es dringt in mich
Darum sei gewiss
Ich will Verbesserung wagen.

Hochzeit

Ich zögere lang
Ein Wort zu sagen
Über die Sache
Die wir uns wagen
Schon in den Iden, ich dich gefragt
Was mich seit Sommer hat geplagt
Doch ist es Form oder nur fromm
Ich weiß nicht ganz woher ich komm
War's Tradition die mich bewegt?
Oder war's Freude nur, die sich ums Herz gelegt?
Nach vier Jahren Partnerschaft
Ist es doch keine große Not
Ich schöpfe meine meiste Kraft
Auch jetzt aus deinem Liebesboot

Wir sind gemeinsam eins
Auch ohne Schleierpracht
Streit verhindert diese keins
Selbst wenn es öfter kracht
Sind wir dann nicht mehr frei?
Waren wir es vorher denn?
Wir wollen bei uns sein
Und uns zusammen schränken
Die Freiheit jetzt wie dann
Erhält sich stets im Denken
Ich saug an dir schon jetzt
Und werd mich nicht einschränken
Auch nun sind wir schon mal gehetzt
Von wechselnden Bedenken
Doch was gemeinsam wir gewonnen
Ist einsam niemals zu bekommen
Besonders deine Liebe nicht
Drum hohe Zeit
Es ist soweit
Nur noch ein Jahr zur Vorbereit
Will Tag für Tag daran nur denken
Und dann wenn wir zuletzt
Zu zweit
Bereit
Will ich mich ganz dir schenken.

Das Leben

Ist das Leben zu fassen?
Es spaltet sich in tausend Terrassen
Auf jeder lebt man anders
Und trinkt aus anderen Tassen
Sie sind voll Volk
Und alle sind verschieden
Manche tragen ihr Herz in Gold
Andere sind hintertrieben
Warum ist hier der Gegensatz das Los?
Macht nur er die Menschheit groß?
Nur der Streit bringt den Fortschritt
Nur auf Opfern fasst der Sieger tritt
Harmonie ist der Luxus der Lieben
Denn wer sein Glück hat
Der wird nicht zur Änderung getrieben
Doch was ist der Sinn des Seins?
Der Masse erschließt sich hier nur eins
Nun ist die Wahrheit leider so
Sinn hat all das keins

Wir müssen es gestehen
Das Leben ist ein stetes
Planloses hin und her
Und auf- und untergehen
Einzig für uns bleibt das
Was wir dem Neuen mit als Eindruck geben
So nur lebt weiter ewig unser Leben
Und wir in ihm, das ist doch was
Wer höher sehen will
Oder wer glaubt er selbst sei viel
Wer sich und uns erhebt
Zu größerem Gerät
Der stets verliert den Blick
Auf schlichte Realität
Der fällt rasch in Marschen Schritt
Und hat für bös Gefühl gesät
Heraus entsteht nur Angst
Und Bruderhass
Und setzt nur weiterhin in Gang
Was ew'ge Menschheitslast
Und irgendwann wird sein
Am Ende unseres Strebens
Des Universums Abgesang
Das Ende allen Lebens.

Bla Lyrik

Blalirik
Lalirik
Albern
Autoleiden
Wiedermal
Vom hohen Berg
Vom hohen Ross
Der Sturz ins Tal
Bla bla
Bla bla bla
Lalirik
Blalirik
Töff, Töff
Jede Zeit hat ihr eigenes Gesöff
Das durch die Kehle rinnt
Gelind
Wirrwarr der Dinge
Sprache der Kraftwörter
Bildergötter um uns
Multikulti medial
Tägliche Sprachwurst
Banal
Blalal
Lyrik Blalyrik
Ein Glück.

Morle-Max

Katz und Mensch
Leben weiter
Tag in Tag
Bit in Byte
Durch die Zeit
Miau
Mohrle Kater
Weiß nichts
Will nichts wissen müssen
Ist zum Küssen stets bereit.

Urlaubsironie

Solinger Chaos
Sie bricht zusammen
Alles bricht zusammen
Unter ihrer eigenen Unfähigkeit!!!
Unter ihrem Mythos
Unter ihrer armseligen Selbstüberschätzung!!!
Bin ich zu direkt?
Ich spreche es aus
Ich muss es aussprechen
Doch was nützt es?
Unterdessen verlassen die Ratten das Schiff
Und ich geh in Ferien
TIRILIE!!!
Die Bibliothek schwimmt ins NICHTS
NICHTS bleibt im Neubau
Was kann ich noch tun?
TRALALA, DUBIDU immerzu
Ich werd verrückt denk ich darüber nach
Lasst mich doch in Ruh
Weg mit den Ratten vom Schiff
Wenn doch auch der Holzwurm ginge
Aber wenn nicht, dann lieber untergehen
Ich kann schwimmen
Und hab die Flut schon lang gesehen.

Anfang

Am Anfang war der Anfang
am Anfang
der Anfang
von Demokratie
von Bürokratie
von Party
Welche Party wähl ich denn?
Rechts oder Links?
Wo marschiere ich mit?
Wo halte ich Schritt?
Im Kopf
Ich denk darüber
und schau Fern
Dort wird für mich gedacht,
gemacht
Über mich gelacht?
Ich lach über den Polit-Zirkus!
Ich weiß was ich weiß
Ich bin bewusst
Und fühle doch den Frust
über die anderen Dummköpfe
die ich Fern sehe
ganz fern
Wo ist mein Einfluss?
Wo kann ich was ändern?
Ich wähle meine Party!
Doch was tun die andern?
Am Ende fängt alles von vorn an?
Oder geht alles weiter?
Wer fängt an?

Wahltag

Wahltag
Demokratiesarg
Wallfahrt zur Urne
Topf mit Deckel
Zu
Auswahl der Möglichkeiten
Feine Tischwahl
An welchem Tisch will ich sitzen?
In wessen Boot steigen?
Ins Rote!
Schröder-Deutschland, Hurra!
SPD nach der schwarzen Umnachtung
Besser das
Um die Macht geht es weiter
Es geht nicht um die Natur
Die ist zu grün
Und kosten Fünf Mark
Die nächsten zehn Jahre
Unerträglich!
Mein Kapital
Nachts sind die Fratzen grau
Auch wenn das Kapital bald Euro-blau ist
Es bleibt Kapital
Meins
Bankensturm!!!
Deutsche auf die Barrikaden
Stürzt die letzte Talkshow!
Lasst euch nicht Schlechtes für gut reden
Im Herzog-Redefluss
Wo sitzen die Bonzen auf dem fehlenden Sozialgeld?
Überall!
Sie geben es sogar ständig zu
Aber nicht her
Doch ihr träumt im Fernsehsessel Ihr glaubt an eure
Machtlosigkeit Ihr Esel.

Magdeburger Geschrei

So ein Dilemma
Die Ossis sind Lämmer
Bööööh!!!
Sie wählen national
Obwohl sie spalten wollen
Das wollen wir auch!
Ossiland den Ossis!
Und Wessiland den Deut-
schen?
Sind wir gleich?
Wir staunen
Natürlich sind die Rechten
schuldlos am rechten
Gewinn Natürlich hängt
Hinze rote Socken
Niveaulos allemal
Und unglaublich banal
Die Bürger bleiben immer
Nazis
Wären sie keine Nazis
mehr…
Brecht lebt!
Die Ossis sind gute Genos-
sen!
Die CDU fürchte linke
Potenz
Die Dummen fürchten
Intelligenz
Diese Mauer in den Köpfen
gibt es schon immer
Sie ist das Weltdilemma.

Kulturkrampf

Medienwelt

Mensch

Das Vielkanalwesen

Alligator im Senderdschungel

Was sind wir heute?

Bestien oder Haustiere?

Ist unsere Kultur noch am Leben?

Ist sie anders oder die gleiche?

Kulturleiche

Jahrhundertwende Kulturwende

Kulturende.

Karikatur

Was fragt ihr?
In einem kranken Land
Ein krankes Volk
Strotzt voller Bewusstsein
Über den Schatten der Vergangenheit
Überwindungskrise
Im Streit um Zukunftswege
Das Spiel mit der Not der Menschen
Deutsche leiden in Deutschland
Deutsche profitieren
Politiker schweigen mit vollem Mund
Keine Barrikaden!
Der Staat ist zu gesund
Tötet die Störenfriede!
Aber niemand stört
Niemanden stört es
Politiker sehen die Gründe
Weg sind sie geredet!
Wonach fragt ihr?
Was wollt ihr mitbestimmen?
Eure Stimme zählt
Sie zählen die Pfründe
Alles für uns
Aber nicht mit uns
Kritik steht bloß in der Zeitung
Niemand liest sie
Niemand glaubt in einem Land
Wo das Lügen staatlich erlaubt
Und wir feiern das Leben weiter
Die Opfer sind Geschichte irgend-
wann Eine Karikatur der Zeit

Telefon Tango

Erreichbar sein
Dazu gehören
D1, D2, E-Plus
Es zählt was zählen muss
Im Strom der Zeit
Im Ton
Piep, piep, wir haben uns lieb!
Das ist der Rhythmus
Das ist der Klang
So muss man aussehen
Mitgehen
Als Fast-Foot-Marionette
Aber eine ganz nette Brünette
Und schon am Telefon Reich sein
Dabei sein
Auf der Party tanzen Tango schon
Doch nur mit Telefon.

WM

Der Fußball ist rund
TOR
Ballett im Chor
Rowdys vor
Karten Gewalt
Mit Bier und Chips wäre nett
Die Fahne stolz in der Hand
Hakenkreuzschatten an der Wand
Frauenleiden
Kriegsersatz
Dummes Geschwatzt
Wir verlassen betrübt den Platz
Fußball ist der Grund.

Kosovo

Neue Namen für alte Leiden
Neue Verbrechen
Kein Ende!
Der Unfähigkeit zum Trotz
Zögern vor der Gewalt
Der Welt am Bein ein Klotz
Wer stoppt die Täter ohne Opfer?
Wir schauen fassungslos zu
Schnell umschalten zur WM!

Hals und Fußbruch

Dein Fuß in Gips
Dein süßer Fuß
Mein armer Schatz
Ein extra Kuss
Hat darauf Platz
Zum Liebesgruß
Dein großes Pech
Auf unsrem Fest
Und dann auch noch Examensrest
Fällt eine Last auf deine Seele schwer
Ich halt dich darum fest noch mehr
Und alte Freunde sind besorgt
In harter Fußballzeit
So mancher teilt dein Leid
Du fühlst dich unnütz
Verzweifelst schier an dir
Humpelst halt herum
Die Arbeit lässt du mir
Gib zu, das ist nicht dumm
Dein Fuß ist schwer
Dein Kopf noch mehr
Doch positiv bleibt noch zu sagen
Ich lieb dich Tag für Tag noch mehr
Und kann dich öfter jetzt
Auf Händen tragen
Als wenn der Fuß noch heile wär.

Die Fessel der Liebe

1
Die Zeit vergeht
Unweigerlich
Und doch ist es an deiner Seite
Niemals spät
Noch immer ist
Mein Fühlen frisch
Noch sagt mein
Herz mir stets
Ich liebe dich
Du bist die süßeste
Versuchung mir
Mein schönstes Sein
Ob Tag ob Nacht
Empfind ich nur
Bei dir
2
Und wenn ich
Darum auch schon
Viele Worte machte
Und wenn dein liebend Herz
Darüber auch schon
Manchmal lachte
So weiß ich doch
Es gibt hier nicht
Ein letztes Wort darüber

Es ist der Liebe
Höchste Pflicht
Von ihr zu sprechen
Immer wieder
3
Ich bin ein toller Tor
So manches Mal
In Liebesdingen
Lach nicht
Ich weiß genau
Du kannst ein Liedchen
Davon singen
Doch weiß ich auch
Das für uns beide
Ist die Liebe
Nicht nur Aug und Nähe
Sondern auch
Sich völlig geben
Im Schweiß der Triebe leben
Den anderen schmerzlich lieben
Durchstoßen und zugleich
Umfasst
In süßer Qual die
Auch verhasst
Ein Herrscher sein
Und dabei Sklave eben.

4

Doch ich gesteh dir
Frei heraus
Dies Wechselspiel
Macht allen Reiz mir aus
Und wird mich ewig
An dich binden
Darum auch du
Für immer bleibst bei mir
Schenk ich dir
Diese Liebesfessel hier.

Teichsprünge

Teichsprünge
Feuchter Mut
Sonnenglanz
Auf altem Hut
Sonntags
Besuch
Dumpfer
Zorn
Mit altem Ärger
Zieht durchs Haus
Ist nicht meiner
Gedanken sind frei
Und nicht einerlei
Gedanken sind voll Melodie
Das Leben schlägt Wellen
Durch tausend Wasserquellen
Und ich schöpf mit dem Hut
Stets neuen Mut
Blick auf den Fischleintanz
Hier liegt ein warmer Glanz
Auch wenn der plötzliche Tod
Am Ufer finster lauert
So doch auch wieder Zuversicht
Schelmisch daneben kauert
Und bei aller Wut
Ist es meine tiefe Glut
Die alle Kraft erschafft
Und jeden Teichsprung schafft.

Schlamassel

Wirrwarr der Empfindung Rundung im
Kopf
Eiserne Bindung
Lange Haare alter Zopf
Neue Hoffnung
Überwindung
Ich steige aus dem kochenden Topf!
Darin stinkende Not
Klos im Bauch
Kobold im Nacken
Will die Hoffnung packen
Halt ich still bin ich tot
Auf und davon
Heißt die Devise
Ich greif nach jeder frischen Brise
Schon Mal den Fehler gemacht
Auch wenn ihr lacht
Vor einem Jahr
War ich ein Narr
Doch es war meine eigene Schuld
Ich war nicht bereit
So long, go on!
Ich verzweifle an meiner Weichheit
In aller Klarheit
Ich scheitere an meinem Mitgefühl
Für die Teufel die mich quälen
Ist es nicht Ironie?
Ich leide gerne scheint mir
Wirklich?
Wirrwarr Wahnsinn
Wo führt das hin?
Ich stecke ganz tief drin
Gebt mir die Rassel
Im Schlamassel

In mir nach Freiburg gehen

Ein Freiburg Nachgefühl
Ein Jahr danach
Ein wirres Magenspiel
Gedanken Spray im Kopf
Die freie Burg
Fluchtziel und Neubeginn
Ein ferner Traum
Ein Selbsttäuschungs-Klimbim
So schnell verzaubert
Und eben rasch versunken
Gedanken Sturm
Wie schon so oft betrunken
Ein Kater der noch ein Jahr Wurm
Und immer noch ein Unken
So vieles Neu geschehen
Wieder ein Jahr bestehen
Wird es denn niemals gehen?
Ich will endlich zur Freiheit!
Auf deinem freien Bug
Nur mit dir zum Träumerzelt
Entfliehen dem bösen Lebensspuk
Ich weiß es und soll es wissen alle Welt
Mein Sinn ist hier und nur
Literatur.

Eierbär

Ich frag mich stets
Was wohl wär
Wenn ich etwas klüger wär
Obwohl ich jetzt schon 30 bin
Rafft mich die Spielsucht stets dahin
Und in den Lenden zieht es immer
Ich glaub im Alter wird das schlimmer
Die Faulheit treibt mich durch die Tage
Und trotzdem führ ich stete Klage

Ich fühl mich wohl und leb im Glück
Und bin doch im Karriereknick
2000 Jahre fast vergangen
Seit ich schon mal am Kreuz gehangen
Und ich frag mich was zu tun
Auf dem Weg zu neuem Ruhm
Ich hadere mit Entschlossenheit
Und vertu so meine Zeit
Mein Bauch wächst in den Raum
Doch meine Feistheit stört es kaum
Ich will im Spagat alles verbinden
Und muss mich dabei selbst verwinden
So wird das sag ich voller Hohn
Ganz klein gehackt die Konzentration
Ich weiß noch immer nicht worauf
Doch wenn ich etwas klüger wär
Ich weiß genau es wär nicht schwer
Ich käme darauf ich Eier Bär.

Der Lebenszauber

Was Du brauchst zum Weiterleben
Über 16 Lenze eben
Ist so vieles das ist klar
Und gewiss weißt Du am besten
Was bisher für Dich im Leben
Immer wichtig war
Und was die Zukunft Dir wird bringen
Kann ohnehin niemand erzwingen
Nur drei Dinge musst Du wissen
Solltest niemals Du vermissen
Eine stete Lebensgier
Trink dafür dies Elixier

Vorbilder ganz ohne Zahl
In diesem Buch hast Du die Wahl
Und nicht zuletzt
Lass dem Gefühl in Deinem Bauch
Alle Freiheit das es braucht
So dann wird dich stets betören
Was man auf diesem Band kann hören.

Septemberträume

September, Regen, Träume
Schäume
Keine Himmelsbäume mehr
Was soll ich noch tun?
Stecke in den alten Schuhen
Wieder alle Spannung vertan
Könnte es mir gleich ersparen
Brav zur Arbeit fahren
Bis zur Rente
Das war dann die Lebensente
Und am Wahltag
Kommt noch mehr Quark
Wieder nur Besserungsträume
Ewige Schäume
Natürlich gibt es viele

Die haben gar keine Ziele
Oder deren Chancen sind nicht so viele
Aber nützt mir das?
Auch ich wird nass
Ich mitleide auch für sie
Für weiß ich was
Und es dankt mir keiner nie
Regen im Septemberhass macht nass
Um Regen ist das Leben nie verlegen
Und wer hinein starrt der hat Träume
Und wenn's dann aufhört gibt es Schäume.

Spiele für die Seele

Spiele für die Seele
Durch die ich mich quäle
Tauche in Phantasie
Wie sonst nie
Sie saugen sie auf in mir
Rauben den Schlaf und Tag mir hier
Computerspiele sind wie Träume
Schaffen in mir Lebensbäume
Und rosarote Lippenschäume
Meine Zeit steckt tief darin
Völlig ohne tiefen Sinn
Doch sie fegen weg den Frust
Und versetzen mich in Lust
Das war ihr Zweck
Ich hab's gewusst
So sitzen auf dem Nero-Thron
Wie einst dieser schon in Rom
Und in der Arena vor mir tollt
Mein aufgeregtes Satansvolk.

Ein Klagespiel

Liebe geht durch den Magen
Deinen Magen
Meinen Magen
Magengeschlängel
Du kochst lecker
Ich spiele Computer ohne Wecker
Ich genieße den Atmosphärenklang
In unserem Heim
Bin ich ganz dein
Am Vorabend schwerer Entscheidung
Vielleicht Solingen Ade
Vielleicht Selbstbemitleidung
Ritterspiele und Nachmittags-Gedankenkämpfe
Du blutiger Ernst nach Montag
Die Entscheidungsschlacht
Ihr lacht
Mir ist nicht zum Lachen
Hätte gerne noch länger krank gemacht
Doch bin gesund und wieder kugelrund
Beim Essen und danach
Deine Liebe geht durch meinen Magen

Sie ist kaum zu ertragen
Doch ohne sie da läg ich brach
Ich werd mich nicht beklagen
Und ich will es gerne tragen
Es dir beständig wieder sagen
Das ich dich sehr, sehr gerne mag
Auch am Ende Septembertag
Liegt die Zukunft düster
So düster wie ich's gerade noch ertrag
Und da weil da wieder mal gekonnt
Die Hoffnung lockt am Horizont
Ist es Hoffnung?
Oder nur Zerrbild?
Wer weiß was wird?
Welch Schicksal sich erneut zu mir verirrt
Wer weiß?
Ich weiß du kochst mein Schicksal heiß
Und fließt genauso fröhlich ohne Fragen
Ein weiteres Mal durch meinen armen Magen
Oh Schatz, was soll ich klagen.

Verwirrter Dichter

Noch dicht?
Noch Stimmengericht?
Armer Wicht
Arme Wichte
Böse Wichte
Du bist meine Muse
Sie hängt in deiner Bluse
Du bist meine Weiche
Du bist meine Wand
Gegen die ich schon oft gerannt
Ist mein dicker Kopf dafür Garant?
Für's Überleben
Für gesunden Taumel
Für wildes Luftgebaumel
Irgend etwas muss es geben
Es wird in mir weiterleben
Und als Wörtersalat nach draußen streben
Als schmackhaftes Gericht
Das nächste Gedicht.

Letzte Zuckung

Was dich drückt
Was dich erdrückt
Was dich entrückt
Macht mich verrückt
Du lebst für den Genuss
Und suchst stets den Verdruss
Und während ich mit leide
Tief in mir älter werde
Gibst du mir schon den nächsten Kuss
Du schwebst so leicht nur durch die Zeit
Und nutzt Mitfahrgelegenheit
Zu neuen lustvollen Zielen
Und hin zu tollen Spielen
Und wenn sonst nichts so hält das fit
Ganz nebenbei mein Herz im Tritt.

Bücher leben

Weiterleben
Wählen zwischen was?
Jahrhunderwahl?
Ab ins neue Jahrtausend
Mit gemischten Zielen
Wo geht es hin Deutschland?
Bücher schreiben
Zeit vertreiben
Für die Kinder leben
Und auf der Arbeit weiter leiden
Remscheider Intermezzo
Freundschaft halten
Und sich den Kopf zerspalten
Zugleich
Immerwährend krank
Das ist der Dank
Den Kopf im Bücherschrank
Voller Staub!
Und wieder fällt das herbstliche Laub
Ich weiß nicht an welche Wunder ich noch glaub.

Wechselnot

Sieben Tage Frust
Innere Kündigung nicht weit
Verliere alle Lust
Zwickmühle der Ehrlichkeit
Mitarbeiterbändigung wie im Zirkus
Umgang Stil ohne Blüte
Feierabend ohne Abschiedskuss
Wer nimmt hier die Hüte?
Urlaubsdrang zum Freigenuss
Missbrauch aller Güte
Doch im Kopf immer noch hier
Wie ein eingesperrtes Tier
In der Gummibärchen-Tüte
Zeit der Leiden geht zu Ende?
Neuzeit beschreiten
In die Wende?
Regierungswechsel
…und wofür kämpfen wir jetzt?
Doch wir stecken weiter in der Lebensdrechsel
Nach 16 Jahren ist er fort
Sitzt an seinem Rentenort
Von Gerechtigkeit kein Wort
Kohl ist weg aber der Alltag der bleibt dort
Es sind noch viel mehr Wechsel nötig
Viel mehr!

Voll
Voll bis obenhin
Doll ganz in mir drin
Um mich herum
Im Lebenskreisel
Dubididum
Ich schrei es hinaus!
Ich schrei es hinein in mich
Kommt doch nichts bei raus
Ich flüstere: „Ich liebe Dich"
In Moll
Ist das nicht toll?
Ich bin voll vom Leben
Bis zum Rande eben
Was kann mir die Zukunft noch geben?
Hoffnung zuletzt
So oft schon zerfetzt
Weiter gehetzt
Verstopft ist alles
Zerklopft die Wand
Zerkratzt die Hand
In diesem neuen Land
Bin ich bloß ein Troll
Mit Blödsinn ganz voll
Weiß nicht was das soll.

Zerrissene Kraft

Schönheit
Im Sein kommt das Werden
Schön bleiben auf Erden
Wandern und wandeln in Herden
Dummheit

In keiner Zeit so bewusst
Leben in modernem Frust
In andauernder Lebenshaft
In mir zerrissene Kraft
Wildheit vergangen
Jugend dahin
Jenseits der 30 ohne Sinn
Wie alt ich schon bin
Noch immer kein großer Gewinn
Feigheit
Vor mutigem Denken
Nach Glück sich verrenken
Statt Armeverschränken
Sei's drum
Windigkeit
Wer weiß warum?
Wir uns um uns selbst drehen
Und trotzdem noch stehen
Wer kann das verstehen?
Zerrissene Kraft
Es fehlt mir der Saft
Der doch immer wieder neue Wege schafft.

Liebe Lottofee

Geld regiert die Welt
Das reimt sich auch
Und ist schnell Brauch
Ein steter Schmerz
In meinem Bauch
Mein Geld für dich
Für Sex bei Licht
Und später drüber ein Gedicht

Perverse Kinobesuche
Für den Teufel Lust
In meinem Kinderhirn
Manchmal steht's mir auf der Stirn
Alles kostet Geld
Das demnächst in Euro zählt
Kann das Leben von Sorgen frei sein?
Geld beruhigt
Es beunruhigt mich!
Kann man ohne Sorgen leben?
Nur mit Geld und sehr viel Schwein
Aber woher?
Nicht aus Medienträumen
Soviel steht fest liebe Lottofee
Wenn auch für manchen nicht
Was denkt der Rest?

Ein neuer Ton in mir

Lustlos
Frustvoll
Fehlender Arbeitsdrang
Dauerregen vor dem Fenster
Und im Kopf
Pflanzt mich in den Blumentopf
Im Gewühl der Gedanken
Kenn ich keine Schranken
Die 30er haben Erfolg!
Ich glaube daran
Mit blutigen Fingernägeln
Und zerschundenen Füßen

Ich furze lang genug dafür
Unter der Bettdecke meiner
Zweisamen Gemütlichkeit
Ich leide laut für mich
Und bringe doch keine
Power in meine Feder
Und im Leben heißt es
End oder Weder
Der Blues im Bauch
Brummt auch leise vom Leder
Und während alledem
Sitzt du in einer Pfütze des Lebens
Und leidest unter deinem Stress vergebens
Es ist ein schwieriger Prozess
Ich denke an dich unerlässlich
Ich bin längst nicht mehr nur ich
Ich bin auch du
Da ist ein neuer Ton in mir
Der klingt nach dir immerzu.

Arbeitsgedanke

Arbeitsgedanke
5 Minuten Schranke
Das Sporthoch!
Im Dopingmoloch
Tote gibt es immer noch
Nach dem Erfolg
Erfolgt so manches unverhofft
Doch Erfolge scheinen zeitlos
Verluste auch
Brot und Spiele
Für welche Ziele?
Wer weiß das genau?
Keine Sau!
Arbeitsgedanke
Wer Arbeit hat kann denken
Oder besser beten
Für einen neuen Propheten
Ein grüner vielleicht?
Aber wie lange verklingt
Der Klagegesang diesmal?
Er ist ein zeitloser Kanon
Ein Leben lang
Und verschafft den Todesdrang
Ade Traumwelt!

Reform

Du viel geschundenes Wort
Im Munde schon Mord
Viele Jahre lang
Doch Recht bleibt Recht
Auch geschriebenes Recht ist echt
Schreibrecht ob auf Holz oder
Schwefelstein!
Muss in dieser Republik sein
Wir meißeln es uns ein
Es lebe die Volksstimme!
Es lebe das wahre Empfinden
Wir müssen die Vernunft überwinden
Nur das ist Reform
Sind wir nicht enorm?

Neue Schweinebraten

Wechsel in der Röhre
System neu
Rot und Grün Verschmelzung
Im Klang der Siegeschöre
Noch sind wir scheu
Doch ein Wähler ist sich treu
Wir werden sehn
Wohin wir miteinander gehen
Schwimmen wer schwimmen kann
Ohne Atomstrom irgendwann
Und doch wie ein Zitteraal
Ohne Licht?
Die Dunkelheit im Wartesaal
Die Firmen machen dicht
Geht uns ein Licht auf?
Die Wirtschaftsbosse hauen drauf
Der Untergang der dicken Profite nimmt seinen Lauf
Das nehmen wir doch locker in Kauf
Wer schützt den korrupten Staat jetzt?
Werden die Polizisten sich missbrauchen?
Oder hat man sich verschätzt?
Für das Kapital ihr Leben aushauchen
Wie für Claudia N. zuletzt?
Und die Soldaten?
Werden sie fliegen über Kosovo? Wir können es er-
raten
Deutsch bleibt Deutsch
Wie nicht anders zu erwarten
Ob vor tausend Jahren
Oder noch zuletzt
Ein steter treuer Kampf
Für immer neue Schweinebraten.

Dorn im Auge

Dauerphantasie
Nackenschmerz
Dorn im Herz
Urlaubsaussicht
Aussichtslosigkeit
Weihnachtsallergie
Wochenend-Dichter
Wir leben in getrennten Realitäten
Wirklichkeitstrauma im Herbst
Wintermelancholie
Das Alter beißt mich ins Knie
Wo bleibt meine Therapie?
Die junge Dynamik entflieht
Mein Körper erzählt davon Lied
Kein Sturm der Entrüstung in mir
Ich verkrieche mich lieber in Dir
Mein Elan ist dahin
Ich weiß wie ich bin
Im großen Weltgericht
Nur ein ganz kleines Licht
Und Hoffnung ist in keiner Sicht.

Das Gefühl ist nicht da

Was ist das in mir?
Das Gefühl das nicht da ist
Der Drang der mir fehlt
Die Weichlichkeit die mich quält
Ich werde nie was beenden
Ich weiß es in mir
Mein Leben ist ein Leben nur mit Oberflächen eben
Nichts geht tief
Außer vielleicht meine Liebe zu dir
Alles geht schief
Ich denke es liegt an mir
Ich bin anders als ich mich selbst im Spiegel sehe
Ich wirke unzugänglicher als ich glaube
Ich bin banaler als ich hoffe zu sein
Mein inneres Sinnen bleibt vielen verborgen
Ich schreie es nicht hinaus
Und strahle es auch nicht aus
Seit 30 Jahren sind es nur meine Sorgen
In der Gemeinschaft werde ich nicht froh
An Freundschaft kann ich nicht fest halten einfach so
Ich kann die Sorgen anderer nicht wirklich fühlen
Nicht verstehen was sie bewegt
In die Welt gestellt auf mich
Bis es mal zu Ende geht unweigerlich
Sie und ich unverstanden
Nirgends Platz zum landen
Außer in deinem Herzen
Doch meine Mauern um mich
Die erkenne nur ich
Das Gefühl das ist nicht da
Und das bleibt für immer wahr.

Wie Du

Wie ein Vogel am Horizont
Wie ein Engel der im Himmel wohnt
Wie ein Herbstsegel vom Dach der Welt
Wie ein Sonnenstrahl der auf mich fällt
Wie eine Vase voller Rosen
Wie ein warmer Sommerwind
Wie ein Fest Mal unter Freunden
Wie ein Gedicht bei Kerzenschein
Ganz sorglos wie ein Kind
Wie heißer Kaffee früh am Morgen
Wie ein Sessel nach der Arbeit
Wie ein großer Matchgewinn
Wie mein Fühlen in dir drin
Wie jede Leidenschaft im Kleinen
Wie jeder Drang nach Perfektion
Wie ein Lachen ganz von Herzen
Wie tiefe Trauer, Mitgefühl
Wie klare Nacht und Sternenhimmel
Wie früh erwacht mit Sonnenschein
Wie Meeresrauschen vor dem Fenster
Wie goldener Glanz und Edelstein
Ganz wie nur Du allein.

Eis am Stil

Genüsslich
Lecker
Steht für viel
Genuss am Stil
Ohne Stil
Für dicke Bäuche
Und banale Bräuche
Schokolade der Seele
Wenn ich mich von der Arbeit quäle
Wahrheitsdroge
Ungeniert
Die in meinem Herz gefriert
Hochgefühl mit Zungenschlag
Beinah jeden Tag
Und im Bauch ein Ungemach
Fahrt im Dunkel mit Geklecker
Ach was soll's!
Dafür ist's lecker.

Im Winter frei

Endlich zu Ende
Dein Stress hat ein Ende
Doch es ist nur ne Wende
Flucht in die Fremde
Fahrt in den Winter
Die Sorgen dabei
Und doch einerlei
In den Füßen ganz frei
Auf hohe Berge
In Gräben der Geschichte
Vor Mauern der Zeit
Und immer zu zweit
Nur mit dir möchte ich frei sein
Nur mit dir Sorgen teilen
Und für ewig geborgen
In dir nur verweilen
Niemals zu Ende
Unser Leben ist überall
Ob Heimat oder Fremde
Gemeinsamkeit ist meine Wahl
Mein Gefühl ist meine Kraft
Die Kreatives schafft
Ob jetzt oder später
Schluss mit der Unrast
Ich selbst bin der Verräter
Denn Liebe die ist keine Last
Endlich frei jetzt und später
Und schon neuen Mut gefasst.

Dichter in Lederhose

Dicker Dichter in Lederhose
Die Gefühlsmimose
Wer schenkt mir eine Rose außer dir? Ich bin
so vieles in dieser Hose hier Ohne siehst du
mich lieber
Denn mein Schwanz hat dann nichts drüber
Ich laufe und springe
Ich tanze uns singe im Selbstgefühl ich klinge
Mein Zopf bringt mich ans Ziel
Das ich gerad umschlinge
Dicker Dichter in der Welt
Wenig Ehrlichkeit der Herzen
Trüber Schmerz im Lügenspiel
Wann werd ich stehen zu alten Scherzen?
Und laufen nackt durchs Lebensziel?
Heute noch nicht
Doch vielleicht schon morgen
Wenn die innere Schweigemauer bricht
Ist das Ende aller Sorgen.
Wenn die Hose sitzt
Und das Haar in meinen Nacken fällt
Ohne das der Schmerz mich dort zerquält
Will ich anderen das stolze Leder borgen.

Mensch und Recht

Zerrissene Ketten
Chinesische Operetten
Weltgeschrei
25 Jahre Einerlei
Amnestie Kampf und Krampf
Ein sich ständig treibendes Spiel Über
Generationen mit gleichem Ziel Immer wieder sin-
ken sie nieder
Die Freiheitsfahnen
Die Dissidenten die uns warnen
Wir schreien es großmäulig in die Welt
Doch wenn auch Vergleich hier nicht zählt
Auch wir haben Rechte verletzt
Demonstranten für ihr Recht gehetzt
Grundrecht auf Arbeit und Wohlstand verwehrt
Arbeiterrechte gar nicht akzeptiert
Auch hier gibt es ungleiche Menschen
Auch hier füllt die Macht sich den Bauch
Auch hier will sich Geld gegen Armut abgrenzen
Auch das muss zum Pranger hier auch!
Wir schauen in Kanäle und schauern
Wir lauschen den Sprechern und bedauern
Wir sehn unseren ärmeren Nachbarn und lauern
Ist Recht eine Sichtweise nur?
Reicht Vertrauen auf der Anderen Spur?
Das Recht liegt in Ketten
Und ich will mit euch wetten
Dafür gibt's keine Kur
Kein begrenztes Aufbäumen
Kein letztes Aufräumen mit der letzten Diktatur
Den der Mensch hat eine menschenfeindliche Natur.

98er

98er Jahrgang + Abgang
Übergang im Internet
Zieht mir die letzte Kohle
Aus der Tasche die ohnehin nicht fett
Aber ich nasche an der Zukunft eben gerne
Wie immer pleite; DEJAVU!
Wie nie und doch bekannt
Das ist mir stets gefühlsverwandt
Was bleibt?
Was reibt an mir?
Was treibt mich in die neuen Zeiten hier?
Was kommt im Hochzeitsjahr?
Und was ich mir wohl erspar?
Der 98er war mäßig
Der 99er wird GROSS!
Woher nehme ich das bloß?
Mit falschem ß allemal
Immer nett bleiben
Netiquette eben
Auch im Netz sein
Sich darin herumtreiben und leben
Zwischenleiden und ein stetes Weiterstreben
98er ade
Von Gestern war der Schnee
Und ob ich's auch im neuen Jahr mal wieder schneien seh?

1999

Phantasie & Wirklichkeit

Symbole
Maschinen
Hunger nach Innen
Stetes Erzwingen
Vorbilder auf laufenden Bildern
Und in erotischen Gedanken wildern
Nur Symbole
Schutz der Technik
In der Zeit voller Hektik
Ruhe gegen die Panik
Jahressymbole
Alles läuft schief
Doch was sind unsere wahren Ziele?
Ich träumte von ihnen
Während ich schlief
Phantasie und Wirklichkeit
Nie wart ihr weiter entzweit
Als in den Symbolen unserer Zeit.

Ich schwöre ich bin's

Kraft der Maschinen
Stärke des Alltags
Schönheit der Menschen
Glaube macht stark
Ich bin ungläubig
Also bin ich schwach
Ich schwanke unaufhörlich
Ich wanke durch den Tag
Und dabei kommt das Alter über mich
Doch meine Seele wird immer jünger
Wir sind voller Strahlen
Strahlende Zukunft
Und ich weigere mich zu kämpfen
Denn ich kenne die Menschen zu genau
Mein Bild flimmert vor meiner Röhre
Es scheint mir echt
Ich schwöre!

Die Auferstehung

Sieben Wälder fallen
Leer Hallen hallen
Finstere Ausrufer stehen fest im Raum
Immer dichter lebe ich im Lebenstraum
Wo ist Veränderung in meiner Zeit?

Wo bleibt die Winterdepression wenn's nicht mehr schneit?
Neun trübe Kerle laufen
Lange Hälse raufen drum
Jahrtausendwende ohne Ende
Gedankenvielfalt macht uns dumm
Was kommt, was geht zu Ende?
Dreimal Glück wäre die Wende
Doch worin und dann wohin?
Ist das Ende nicht auch immer Neubeginn?
Aus jeder Asche sprießt mit Zeit Gewinn
Ins Verderben zaubert Frühling neue Wälder hin
Und wo Neune dann verweilen
Wird das Glück auch drei ereilen.

Albtraum

Wo ist die Gerechtigkeit?
Wen es trifft der schreit
Der klagt zum Mond
Ein letztes Licht in Finsternis
5 Jahre Zweifel werden wahr
Für NICHTS kämpfte man wunderbar
Ein Trauma sitzt in deiner Seele
Ein Teufel deinen Nacken quält

Der letzte Glaube an das gute Schicksal fehlt

Die Zukunft sich von dannen stehlt

Du möchtest schreien in den Tag

Du möchtest weinen durch die Nacht

Und immer denken das du plötzlich seist erwacht

Doch leise, hämisch dir die böse Wahrheit lacht

Du fällst in Tiefe schwer und schließlich doch so weich in mir

Ich halt dich fest in meinem starken Arm

Ich bin dein letzter Ritter hier

Wo nur gemeinsam wird dir neue Hoffnung keimen

Das wir beide doch zuletzt in eignem Lichte reisen

Und die Zukunft wird beweisen

Das alles nur ein Alptraum war und der Anfang eines guten
Schicksals immerdar.

Dein Haar

Bitte lass die Haare wachsen
Deine Schönheit so gewinnt
Kurze Stummel ungelungen
Einfach nur zum Weinen sind
Warum tust du dir das an?
Hör doch nur auf deinen Mann
Du bist schön in meinen Augen immer
Und ich liebe so dein süßes Mauselachen mehr
Doch mit Bubischnitt und solchen Sachen
Steckt mir das Lachen doch im Halse quer
Ich küss so gerne dein entzückendes Profil
Doch mit kurzer Fransenkappe ist Frau Nied-
lich aber auch Frau Oberlehrerin im Spiel
Und ich setze meine weich Lippenvase
Überrascht auf eine strenge Drachennase
Oh Jammer was tust du dir?
Welcher Komplex treibt dich zu diesem
Schönheitsmorde hier? Es versagt dein sonst
so guter Stil total
Und ich armer leide nun für dich die Höllen-
qual

Das liebe Leben

Leben fühlen
Lebensschmerz
Und Lebensweile
Ist noch alles heile?
Ich fauler Hund
Ich starte müde nur ins neue Jahr
Und tue kund, was mir bisher verschleiert war
Du bist gereizt
Wir leben Streit
Weit von einander weggespreizt
So sehr wie nie gekannt
Oh Verhaltensmuster, du bist mir sehr bekannt
In mir schreit es: NEIN!
Kann es wahr sein mit uns Zweien
Im Hochzeitsjahr
Sind böse Worte da?
Es muss ein Missverständnis sein
Ich fürchte aber, es ist wahr
Und doch erscheint es mir bizarr
Mein Herz hält fest an dir wie nie
Es krampft sich und es schrumpelt gar Wo ist unser
Verständnis hin?
Ich drehe mich ohne Landgewinn Verleugnen hat hier keinen
Sinn
Beinah schon so wie Ehekriege
Wir stecken in der Krise drin
Sei mit mir wachsam meine Liebe.

Sturm der Seele I

Sturm in der Seele
Schmerz im Gemüt
Das ich mich quäle
Und verglühe vor Wut
Warum sind wir so?
Frau D. packt ins Klo
Warum fällt man immer darauf rein?
Nur ich vermutlich
Es muss sein
Ich schrei es gegen diese Wand
Und zieh zurück die dargereichte Hand
Ich kotz es ins Leben
Freundschaften die von dannen schweben
Denn sie wollen Feindschaft eben
Warum bloß?
Warum so ICH bezogen?
Warum sich selbst so wichtig?
Blind für Verzeihung
Blind für Verstehen
Taub den Verlust zu sehen
Wer das will, der muss im Sturm halt
untergehen.

Sturm der Seele 2

Enttäuschung total
Menschliche Schwäche banal
Die Seele ganz kahl
Verzerrtes, falsches Maskenspiel
Freundschaft simuliert ganz viel
Frau D., Frau V. alles mau mau
Warum diese menschliche Tiefe?
Warum diese Soup Opera Horizonte?
Ihr schreit: Verletzung!
Und verletzt selbst völlig willkürlich
Eure verdammten Minderwertigkeitssinne
Behaltet sie in eurer Vorurteiltasche drinne
Und diese scheiß aufgesetzte Freundlichkeit dazu
Denn ich weiß es jetzt schmerzlich genau
Hinter euren gekrümmten Rücken wetzt ihr die langen Messer
Und haltet euch für teuflisch schlau
Ich brauche das nicht mehr
Da geh ich besser.

Hessen unter

Welcher böse Ungeist lebt da noch
Und tarnt sich als banale Furcht in unserer Mitte?
Vor 2000 lebt noch immer,
was schon lange tot gebetet
Wer hilft uns gegen diesen Abschaum?
Niemand so scheint es
Also Weltbürgertum ade
Niemand will mit allen teilen was er selber nicht hat
Keine Arbeit
Keine Sicherheit
Keinen nationale Identifikation mehr
Selbst die Fußballer sind Milchbubis
Ist das nicht kaum zu ertragen?
Deutschland geht unter
Hessen voran
Also keine Toleranz
Faschisten auf zum Totentanz!
Gelackte Affen gaffen grinsend
In dumpfer Medienignoranz
Danke Herr K.
Und das war's wohl mit dem Aufbruch Herr S.
Wer den Deutschen ans Deutschtum will
verbrennt sich die Finger
So war es immer
Und wie man sieht lebt es durch die Zeit fort
50 Jahr Demokratie zum Spott
Denn Hass ist ihr höchster Gott
Leider auf aller Welt
Denn die Angst findet sich in ihrer Hose und stinkt
Bestialisch!
Bis zum Himmelszelt.

Toter Kampf

Grüne Ohnmacht
Aber sie sind noch da!
Rote, braune Laune
Heiße Themen müssen weiter kämpfen
Die geteilte Gesellschaft aus vollem Herzen überleben
Durch die sich wiederholende Zeit
Durch den Sumpf der Wut
Durch den Wahnsinn der Augenblicksstimmung
Durch den Ungeist der an sich selbst gescheiterten Elternschaft
Durch die bierbäuchige Stammtischmentalität
Sie muss überstimmt werden mit langem Atem
Mit zitternden, aber standhaften Prinzipien
Mit besseren Konzepten gegen die holen Kurzköpfe
Und mit Liebe in der Seele
Gegen die Stammesmentalität
Gegen die Bilderflut im Hirn
Und für die objektive Wahrheit
Bietet dem verkappten Faschismus die Stirn!

Walle, walle

Wo ist das alte deutsche Dichtertum?

Wo ist die liberale Seele nun?

Ein tiefes Wallen steckt in uns allen

Doch was hat das mit Verstand zu tun?

Sie stritten für die Nation

Ihr Erbe sind schöne Worte und große Identifikation

Aber von welch brauner Sorte?

Wollen wir das?

Viele, viele wollen es nicht!

Und zu ihrem Lob sing ich hier Gedicht

Das zumindest scheint mir meine gottverdammte Pflicht.

Die andere Wange

Schon immer
Ich war JESUS!
Mein ganzes Leben
Mein ganzes Scheitern und erleben
Ich war immer unterlegen
Und bin doch Innere Stärke
Im Kerne meiner Werke
Und das ohne Glaube,
Nur durch Furcht
Ohne Kraft
Nur durch langen Atem
Ein Prophet der sich aus jedem Sumpfe neu erschafft
Und sich unentwegt durchs Leben rafft
Auf dem Weg zum Kreuz?
Ich bin JESUS!
Und ich scheitere an mir selbst
An meiner mangelnden Fähigkeit zu denken:
»ICH STEHE ÜBER EUCH«
Ich bin JESUS, weil ich euch liebe, wie mich selbst
Nehmt meine andere Wange
Und ihr werdet sehen,
ich kann auch übers Wasser gehen.

100 Tage

Hundert Welten Hundert Bäuche
Schlechtes Gefühl
Was tun, damit das Hochzeitskleid passt?
Zuviel Selbstbeschäftigung
Egal was in der Welt passiert
Und Deutschland jammert sowieso immer
Die Tarife bleiben niedrig
Wieso braucht man auch Geld?
Wofür überhaupt?
Man ist aus reinem Spaß der Alltagsheld
Die tun was 100 Tage lang, aber was?
Ich glaube dran
Was man noch glauben kann
Und leide, pflege meinen Bauch
Der ist ganz wichtig auch.

Glücksfall

Kein Job
Kein Geld
Du fällst in Apathie
Die Tage stinken irgendwie
Ich versteh dich gut
Es sinkt dein Mut

Und mit erster Ablehnung
Beginnt die Seelendehnung
Bloß raus da Maus
Aber gewusst wie?
Keine Kraft
Kein Drang
Zwischen Hoffen und Bang
Hangelst du dich den Tag entlang
Was soll werden?
Zu Zweien auf Erden
Was bringt die schreckliche Zeit?
Wann kommt der Glücksfall der uns aller Sorgen befreit?
Ich glaube der ist noch weit.

Kranke Gedanken

Schmerz in der Schulter
Augengeklimper
Ich puste die Wimper zum Glück!
Doch sie fliegt wer weiß schon wohin
Viele Wünsche im Sinn
Viele Dinge auf der Schwinge
Aber nur wieder, lieg krank ich danieder und weiß
Mit all meinen Gedanken nicht wohin
So ist es immer wieder

Alles krank bis ins Gefieder
Während im Schnee die Springer siegen
und blutjunge Helden Medaillen kriegen
Muss ich mal wieder den Hals in dicken
Wollschals wiegen
Und mit ihm alle verblassten Illusionen
einer alternden
Zukunft in eine neue verschieben
Gesunder Humor, ereile mich!

Jammertal

Kopfschmerz in den Tag
Bleischwere in den Gliedern
Dumpfes Hirngeschrumpfe
Müde Allgegenwart
Energiesalat
Erster Schweiß in der frischen Frühlingsonne
Doch diesmal keine Wonne
Hochzeitsstress
Zukunft zerfließt im Alltag
Das neue Jahrtausend scheitert sich hinein
Privat wie politisch zur reaktionären Konterrevolution
Schwerer Rücksprung Deutschland!
Grün ist nicht mehr cool
Das ist mir doch alles zu dumm
Das ist mir doch alles egal
Ich zieh mich einfach zurück Ins finstere Jammertal.

Frühlingsnacht

Ich sitz am frischen Wasser
Füße im kühlen Nass
Mein Kopf in deinen Armen
Voll Hoffnung etwas blass
Wir träumen in die Sternennacht
Die klar am Horizont erwacht
Ich fühle dein Herz
Und auch das meine lebt den Liebesschmerz
Auf deinen Busen ich mein Auge werf
Der Anblick trifft all meinen Lebensnerv verschärft
Ich führe die Lippen wie zum Lohne
Sofort an diese Hügelkrone
Du sinkst ins Gras
Und machst es nass
Ich küsse deinen nackten Leib
Und bin zu allem nun bereit
Die Nacht ist still und warm
Am Ufer fährt vorbei ein Kahn
Verdammt er kreuzt durch meinen Plan! Doch deine Lippen siegeln mich
Du flüsterst leise: »Unwichtig«
Und schon sofort lässt du mich ein Nichts auf der Welt kann schöner sein Und wieder mal weiß ich genau
Ich bin dein Mann, du meine Frau.

Linker Abschied

Oskar geht!

Mit ihm geht ein ganz linkes Gefühl in mir

Ohnmacht bleibt

Wut

Öffentliche Demütigung einer Idee

Öffentliche Schmähung

Auswanderung tut mehr Not den je

Aber warum?

Du warst ein Pfeiler unserer Hoffnungen

Wo ist deine Stärke hin

Verbraucht im Räderwerk der Machtgiganten

Zermahlen im Sumpf der kapitalen Raubtiere

Und verloren im Strudel der unerfüllten Selbsthoffnung

Dein Scheitern war dein Anspruch

Er ist unser Zukunftsmaß.

Politdreck

Mir bleibt die Luft weg
Vor Schreck
So lange gehofft
Und nun versagen sie
Nein, die Wahrheit ist
Sie werden versagt
Uns wird gesagt das sie versagt
Die Macht hat das Geld auf der Welt
Jetzt ist es offenbar
Für jeden eindeutig und klar
Also was geschieht?
Es ist doch ganz bizarr
Der Volksaufstand beleibt aus
Man müsste ja aus dem Sessel raus
Oder lassen sie sich alle täuschen?
Sie lassen sich nasführen
Ob sie es jemals spüren?
Mir bleibt die Luft weg
Vor diesem Politdreck
So steckt auch mir noch der Schreck in den Gliedern
Und all das muss euch doch auch anwidern.

Jahrtausendsprung

Sturmziegel fallen im Lebenssturm
Und es türmt sich im Hofe der Scherbenturm
Sturmziegel die ich selber werfe
Bringen Verwirrung in aller Schärfe.
Seit 86 dichte ich
Ist das nicht wunderlich?
Oder gar lieblich?
Und hab ich grad nichts zu tun
Dann träume ich also vom Ruhm
Doch meist hab ich viel zu viel zu tun
Es bleibt keine Zeit für den Dichter
Und auch du führst dein Leben nach eigenem Bestreben
Und ich möchte das meine nur für dich noch geben
Das ist mir wichtiger als all der Ruhm
Und es ist unser Glück
Denn es fällt auf uns zurück
Unser Haus kommt auch ohne so manch schiefen Ziegel aus
Und wir springen gemeinsam
Und machen uns nicht verrückt
Was ist schon ein Jahrtausend
Wenn wir nicht einsam
Sondern im Herzen beglückt.

Gute Zeiten?

Ruhe

Fasten

Sport

Ausgeglichenheit

Joghurt

Obst

Schönheit

Zufriedenheit

Start in „gute
Zeiten"

Damit das Jackett
paßt

In Falsche Ruhe

Mit stinkende
Kompromisse

Und scheinheili-
ge Visionen So-

lange man
gebraucht
wird!?

Aber ich suche
die Ruhe wieder
in mir selbst Die
Kraft und Stärke

Die Liebe mit
dir

Ich werde sie fin-
den.

Balkan

Krieg
Jugoslawien wo ist die Wahrheit?
Kosovo brennt!
NATO und die Suche nach der Gerechtigkeit
Was getan wird ist immer irgendwie auch
ein Fehler Was nicht getan wird, wird es im-
mer sein
Das Urteil bleibt den Kindern
Die Verantwortung ist unser Schicksal
Die Hoffnung unsere Rechtfertigung
Wenn unser Wissen stimmt,
dann stimmt auch unser Gewissen
Aber können wir es ertragen?

Kosovaren TV

Wo stehen sie Herr Handke?
Wo schauen sie ins Bild?
Wo liegt die Wahrheit?
Wo ist sie inszeniert?
Wo macht sie uns wild?
Tod den Killern!
Leben für Terroristen!
Oder sind es alles Opfer?
Wenn wir's nur wüsten
Die Bomben bomben uns
ins neue Jahrtausend
Prost Mahlzeit neue Zeit!
Längst vergangene Schatten
lauern auf uns wie Ratten
Wer kennt die Russische
Wahrheit?
Wir spielen das russisch
Roulette
Schauen den Krieg vor dem
Fernsehen und aus dem Bett
Wer kennt die slavische
Wahrheit?
In albanischer Wirklichkeit
Sind wir jemals vorbereitet
gewesen?
Entsetzter Westen
Traumatisches Elend
Vernünftiges Waffentesten
Wer heuchelt am besten
Zum neuesten Welts End.

Stumm & Drang

In grüner Seele zerrissen
Werd ich Prinzipien missen
Und im Alltag keine Gedanken machen müssen
So doch dabei bitter mich selber belachen
Dabei tun, was unsere Eltern auch taten:
»Schweigen und warten«
Seht ihr!
Es ist Frühling im Garten
Und der Kater ein Flohsack
Sie beißen auch mich
Und sind ganz natürlich
Fast menschlich blutgierig
Habt ihr's erraten?
Welches Ideal hat noch die Wahl?
Und was haben wir hier noch in der Hand?
Da scheitert doch jeder Verstand
Oh, wie ist doch der Mensch Hier sich grausam
verwandt Und sinkt auch tiefer noch als jedes
Ungeziefer
Wie lange hat uns die Bildung vor einander
verkannt?
Ich kann nicht,
Mich selbst verraten
Ich muss hier ganz stumm
Auf die Taten der Täter warten
Doch dabei wie dumm
Dreht sich mir rastlos
Der Magen um
Aber in all meinem Wandelgang
Steckt ein noch ein großer Handlungsdrang.

Böse Gesichter

Wenn ich es schon ausspreche
Dann ist das schon viel
Niemals war sowas mein Ziel
Der Mensch ist ein PSY
Und er ist sich stets selber bewusst
Es verschafft im gar Lust
Diese ewige Konkurrenz
Und endloser Neid
Vergiftet die Zeit
»Soup Operas« ihr seit die Wirklichkeit
Hab ich was anderes erwartet?
Ein Sturm im Wasserglas
Wird schnell zum Futterhass
Doch wie schizophren können sie leben?
Bis sie mit uns qualvoll untergehen
eben Verzerrte Mimik
Verzerrte Realität
Für solche Menschen ist alles zu spät.

Zweifel

Zweifel in der Kehle
Heimliche Gedanken wie ich mich von dannen stehle
Langeweile in der Seele!
Wichtig, dass ich es mir selber nicht verhehle
Auch dir nicht!
Und mich mit der Wahrheit ständig quäle
Ich liebe dich, das ist gewiss
Ich liebe deine Art
Ich liebe deine Zärtlichkeit
Ich liebe die Geborgenheit
Ich liebe es dich nah zu spüren
Ich liebe es dich zu verführen
Ich liebe es auch nur von Ferne deine Stimme nah zu hören
Ich freue mich täglich auf dich
Doch sitzt bei all dem auch immer auf der Lauer

Das scharfe Schwert der Ewigdauer

Der Schwur zur Treue immerdar

Wo ich doch stets ein Spring ins Kornfeld war

Ich werde immer alle schönen Frauen lieben

Und stets in meiner Phantasie ein Opfer meiner Triebe sein
Doch du kannst auf sicherer Seite dich für immer wiegen
Denn nur du wirst Königin in meinem Herzen sein.

Übermaß?

Trockne Augen die nichts taugen
Geld ausgeben mal soeben
Besonders gerne in Paris
Im LOUVRE, Haus der Vergangenheit
Gedanken durch die Zeit
Übermaß an Eindrücken
Zuwenig Zeit in Stücken
Im Gassenstaub der Gegenwart
Kunst im Schaufenster und Lust zum Raub
Stadt au Café soweit ich nur sehe
Im Bus voller Lust und Frust
Saug ich an deiner warmen Mutterbrust in Spé
Und all die Tage vor dem Gelage sausen dahin
Und wir stecken mitten drin
Und nebenbei die Arbeit oh weh
Ein schlimmes Tätärä!
Doch alles ist nur Spaß
Und das kann niemals sein im Übermaß.

Ein Friedenslied

Im Krieg sitzen wir still
Weil keiner ihn will
Er rührt das Gefühl
Mit jeder Bombe im Ziel
Serbischer Mut der bitteren Verzweiflung
Brücken mit Köpfen im Nachtgewitter
Sie trommeln auf Töpfen
Und schlucken doch bitter
Albanisches Leid und internationale
Partisanentapferkeit
Im Krieg
Zwischen den Scherben der Diplomatie
Sind wir die Erben der Apathie
Finden wir unsere Nische der Zeit doch nie
Ein Fernsehkrieg ohne Wichtigkeit
Wen kümmert es halt?
Es ist alles so weit
NATO voran bis zum letzten strategischen Ziel
Und was dann?
Gewalt nützt nichts!
Im gegenseitigen Wahn.

50 Jahre Bundesrepublik

Stille, starre Feier
Staubige Erinnerungsshow
Flitternder muffiger Glanz
Voller West-Ost-Arroganz
10 Jahr DDR-Totentanz
Was wird aus uns?
Eine Euro-Provinz
Wo bleibt der deutsche Stolz?
Ist unsre Seele aus Holz?
Wir tauchen unter ins Techno-Szenario
Und schwimmen munter und gehen nicht unter
Im grauen Dauerregen der Zeit
Im tristen Grau der Deutschtümelei
Bleiben wir frei
Es stinkt um uns
Nach verstaubter Kunst
Nach dickem Zigarettendunst
Und wir füttern uns gegenseitig mit Banane
Aber bitte mit Sahne
Was für ein Gottschalk
50 Jahre Republik
25 Jahr Bewusstsein macht schick und dick
Was wird kommen?
Was wird bleiben?
Wir können es nicht wissen
Nur darüber schreiben.

Silberschauer

Stille Hauer

Wilde Keiler

Meile für Meile in Eile

Unbotmäßiges Bedauern

Dauerndes Lauern

Alterndes Kauern

Immer mehr Power

Unter silbernem Schauer

Jeder Gedanke hat Gewicht

Auch im kurzen Gedicht

Und Gefühle werden grauer

Auf die Dauer.

Hochzeitsglocken

Wirre Gedanken
Was wird kommen?
Was wird wanken?
Und auf unserem Planeten landen
Regen oder Sonne?
Wo ist das Ziel?
Tristesse oder Wonne?
Gefühl instabil
Die Hochzeit ist ein Spiel
Was bringt die Zukunft?
Wo lieben wir hin?
Du meine Schöne
Du mein Gewinn
Nur Entspannung noch nötig
Vom Stress des 20. Jahrhunderts
Nur immer Frieden
Im Grün der Seele
Nur Spiel und Computerchip
Nur Spaß und Ferientrip
Wir sind instabil
Wir leben Mensch
Doch unsere Vorbilder sind Legende
Sie waren ebenso behände
Was ist unser Ziel?
Es liegt in der Kraft zu leben und zu denken
Und darin uns immer neue Liebe zu schenken
So bleiben wir im Leben hocken
Und hören verzückt die Hochzeitsglocken.

Gelbe Rosen

Schöner Neid
Neidvolle Schönheit
Vor vergitterten Fenstern
Hinter vergittertem Grün
Sehe ich eine gelbe Pracht
Und dahinter steht in großer Macht ein Baumriese
Er reckt sich in die laue Brise
Gelbe Rosen ranken
Um meine finstern Gedanken
Ein Garten der bald fällt
Dem Tode geweiht
All das war meine Welt
Noch ein Jahr Zeit
Hier war ich ein kleiner Büroheld
Und habe mich durch den Alltag gequält
Wer weiß wofür das zählt?
3 miese Jahre
Doch Erfahrung macht stark
Und Gewöhnung fad
Aber Hoffnung bleibt
Wenn die Seele noch schreibt.

Europa 2000

Stolze Länder
Gleiche Hohlköpfe
Und dumme Stimmenspender
Was wollt ihr?
Ihr wollt nur fressen

Macht euch nur keine eigenen Gedanken
Dafür ist das Fernsehen da
630 DM!!!
Klar, besser Niedrig-Ausbeuter-Jobs als gar keine!
Medien voran!
Zeitvertrag ist zeitgemäß
Was sollen wir mit einer Bürgerschutz-Partei?
Also wählt der Bürger seine Ausbeuter
selber an die Macht
Wie dumm muss man sein?
Ich bin zu dumm um es zu verstehen
Wozu auch?
Es wird immer so weiter gehen.

Keine Spur

Dein süßer Schlaf
Immer wieder
Deine Sehnsucht nach meinen Gliedern
Schlaftrunkene Augen über der Tastatur
Doch von Frust ist keine Spur
Nein, ich schau nicht auf die Uhr
Ich will schreiben
Ich will im Weltgeschehen bleiben
Ich will mich durch die Nacht vertrei-
ben Dein süßer Körper nebenan
Zieht mich dennoch magisch an
Und ich weiß, bald bin ich dran
Ach, es ist so nett im Net
Aber netter noch bei dir im Bett.

La Palma

Feriengedicht
Insel entfernt vom Alltag
Wohlige Hitze
In der ich schwitze
Traumreiche Nächte
Schweres Loslösen
Verdrängtes Ende
Lesen fürs Gemüt tut gut
Inspiration macht Mut
Geschichten erzählen
Sonne auf dem Scheitel
Glühende Haut
Und neben mir die schö-
ne Braut
Seit 1½ Wochen getraut
Blick ins Blaue
Wolken und Meer
Horchen in die Stille
Blumen und Salamander
Ein ganz anderes
Zeitgefühl
Nur die Fliegen wecken
ein Rachegefühl
Zeit für Gedanken
Ohne Schranken
Hier stehen die Kakteen
der Seele herum
Schön und stumm
Ein Hoch auf die Poeten
der Gegenwart
Es lebe Javier Marias
Es lebe Tom Sharpe
Ihr Licht erhellt einfach
die Pars dieser Welt
Und zaubert ein Lächeln

Lohn der Eitelkeit

1

Lohn der Eitelkeit
Ist die Selbstachtung
Warum brauchen wir die?
Sie schützt uns voreinander
Denn die Eitelkeit der andern
ist für uns nur grobe Aggression!
Dessen sind sich alle bewusst
Trotz unterschiedlichen Intellekts.

2

Worauf sind wir stolz in unserem Leben?
Welches Gut macht uns friedlich?
Was möchten wir den Unseren von uns geben?
Was formt uns unerbittlich?
Ist es Leid?
Leiden wir im Leben?
Sind wir beständig Opfer?

3

Wir sind zugleich Opfer und Täter!
Eine abgedroschene Phrase
Opfer ist nur, wer auch bereit ist Täter zu sein.
Denn Taten können böse und gut sein.
Und Opfer kann man auch einer guten Sache bringen.

4

Aber in Wirklichkeit sind unsere Taten nur Emotionen des
Augenblicks. Und unser Stolz ein Gebilde aus zufälligen Erfol-
gen.
Dessen kleiner mieser Lohen ist die Furcht vor der Eitelkeit der
anderen. Und unsere einzige Kraft im Leben bleibt die Suche
nach der verlorenen Achtung vor uns selbst.
Manchen gelingt es.

Insektenleben

Dicke Brummer
Blumenkübel
Palmenwedel
Wellen an vulkanischem Fels
Dichte Wolken über der Insel
Dichterwolken um den Schädel
Touristisches Geplänkel
Dicke Steine aus dem glühenden Erdinneren
Fremdländische Laute
Gedankenflaute
Schöne braune Beine
Und diese Brüste sind auch meine
Ich liebe nur dich und sonst keine
Schwarzer Sand
Felsiger Strand
Ein anderes Land verkannt
Und doch Seelen verwandt
Weite Gedanken die sich um Bekanntes ranken
Tiefes Gebrüll nach so manchem Lebensmüll
Es bleibt eine Qual
Und nichts ist egal
Aber immer unverständlicher
wird so manches Lebensziel
Je klarer man auch hinschauen will
Man hat das Gefühl, es ist schon zu spät
Sie versinken alle in Banalität
So ist der Frust groß
Und man selbst gnadenlos
Und gern wir versteckt
Das man auch nur Insekt.

Spanische Replik

1

Ich bewundere deine Kraft

Die dir deine Welten schafft

Selbst in weiter Ferne

Denk ich daran gerne

Hier ist der Himmel sternenlos

Zuhause leuchtet deiner warm und groß

Du bist mein erster Philosoph

2

Ich bewundere deine Energie

Doch wie alle Großen versiegen deine Zweifel nie

Wo ich mich häufig überschätze

Sammelst du im Stillen Schätze

Und ich genieße es sehr mit dir zu diskutieren

Oh ich weiß, groß ist hierbei dein Verdruss

Denn ich versteh für wahr die Kunst den Punkt zu ignorieren

An dem ich längst, kapitulieren muss

Obwohl ich in mir sicher spüre

Es ist für meine Wahrheit längst zu spät

Während die deine, endlos zeitlos fortbesteht

3

Ich bin ein gehetzter Jetztmensch

Und du ein Urgestein

Während du ein wahres Ziel kennst

Und in dir ruhst auch im Verzweifelt sein

Bin ich zerrissen, zwischen der Armee von Zielen Die allen
Erfolg mir stückelt nur vergänglich klein.

4

Ist dies auch nur eine winzige Replik
Bleibt so, spanisch auch das Lebensgroß zurück
Ist es von der Wahrheit doch ein längst geschriebenes Stück
Und etwas, was mich ein Gedanke in der Hitze zwingt ganz endlich
mal zu sagen
Deine Freundschaft ist für mich ein großes Glück.

Besinnung

Ich verspüre ein Sträuben in mir
Über manches was mich quält auch nur ein Wort hier zu verlieren
Ganz natürlich ist dies, denk ich mir
Im Stress des Alltags ist man oft so ungerecht
Und wirkt auf andere nicht echt
Selbst ist man ein Produkt aus Vorbildsplittern
Zerrissen durch Angst und Zweifel Tag für Tag
So gibt man ab, ein Bild,
das nur verzerrt, die eigene Seele spiegeln mag
Auch ist man sich all dessen nur bedingt bewusst
Zu gerne taucht man in den schönen Schein
Und kostet auch schon mal genüsslich
Seine Macht als Schwein
Dabei will man für sich
Doch nur ein wahrhaft guter Mensch nur sein
Allenfalls missverstanden
Sich selbst nur kaum abhanden
Schlecht nur in Form der Reaktion
Man vergreift sich mal im Ton
Doch was den anderen darauf einfällt
Ist niemals nicht gerechter Lohn
Vielleicht erkennt man alles als Spirale
Mal führt die Lebensstraße auf den Berg, mal tief zu Tale
Aber immer ist dies nur der anderen Werk
Doch, ist man so nicht Zwerg?

Man gibt sich hier als Spielball irrer Emotionen
Man schafft sich sinnlos Feinde überall
Und ist auch rasch als Krieger der Schoschonen
Ein gutes Opfer für den Feindesüberfall
So setzt das Denken fort sich nur in Gruppen
Das Bündnis ist Gerechtigkeitsersatz
Und auch in unseren Herzen
Hat statt Verständnis
Nur Verbitterung noch Platz
Ist das der Mensch?
Er ist es ganz für wahr
Doch beweisen unbescheiden diese Zeilen
Es ist auch noch
was anderes da:
Die Fähigkeit zu schreiben
Sich die Wahrheit zu entkleiden
Die es so oft gibt,
wie Gedanken existieren
Sich das Herz daran zu wärmen
Immer wieder das Gefühl zu hindern, daran einfach zu erfrieren
Auch die Fähigkeit zu reden
Wenn auch Vorurteil und Angst
Unsere Zunge oft verkleben
Das ist was Unterschied uns macht zu wilden Tieren
Alles was wir tun
Was wir verlieren und gewinnen
Dem können wir nicht mehr entrinnen
Es bleibt für andere vielleicht ein prägend

Teil von ihrem Bild von uns
All das ist wichtig zu besinnen
Nicht zu klagen
Sondern wieder auch zu hinterfragen
Und wir sollten spätestens ab jetzt damit beginnen.

Nobody knows

Where the troubles are gone ...
Wer weiß schon wie nah sie sind?
Sie gehen mir nachts im Kopf herum
Und doch bin ich hier glücklich wie ein Kind
My view goes over the ocean
Was alles schon einmal gesagt, bleibt wahr ganz unverzagt
Zeit für innere Wahrheiten
Längst erkannte Schwächen verstehen
Und zu ihnen stehen
Time to make sex by myself
Nie ausgesprochen
Nie auf Papyrus erbrochen
Und in den Adern zum Kochen gebracht
In tiefer Nacht
Träume voll Schönheit
Brüste und Mösen und Tollheit
Träume voll zärtlicher Gewalt
Extasen babarischer Männlichkeit
Sklavisch devotes Zerfließen
Ein wahres Genießen
Orgasmen der finsteren Nächte
Wollust düsterer Mächte
Ewige Lust, ewiges Spiel am Gemächte
Taumel des Lebens
Fruchtbare Kraft des Körper für Körper Ergebens Niemals
erschlafft in mir
Der göttliche Venussaft im Penisschaft
Time to be free and fly over the world wide sea.

Glückliche Inseln

Wahrheit der Gedanken
Geliebte ohne Schranken
Entfernt von Neuigkeit
3 Wochen ohne Zeit
Ohne Scham
Den Bauch ganz dick und warm
Tsuniru oder Wanda?
Darauf ein Schluck »Canaris Malvesia«
Süße Traubenfrucht
Kopfschmerz und Rauscheswucht
Ganz Welt sein
Ganz Dichterkraft der in sich Welten schafft
Ganz Neuzeit und für Ewigkeit
Ganz Dummheit und auch Menschlichkeit
Ganz Forschung und Historie
Im Universum sein, allein
Für alle und zur Glorie
Ein Universum sein
Kein schöner Schein, kein Sternenschein
Denn irgendwann, ist auch unsere Sonne dran
Ist sie ein Supernovalein
Dann nutzt kein Brummen oder Winseln
Genießt das Glück auf eueren Inseln.

Letzter Sommer

Wache Nächte
Hundegekläffe
Caldera in Brand
Meine Ängste sind stumme Schatten an der Wand
Doch tief in die Seele gebrannt
Sommer des sterbenden Jahrhunderts
Eine Fackel der Gezeiten
Mit der wir in die unsichere Zukunft reiten
Erst jetzt verstehen wir die Alten
Wenn sie Dämonen für Götter halten
Erst im neuen Jahrtausend wird klar
Was Wahrheit und was Eindruck war
So bleibt doch alles ganz wunderbar
Obwohl es doch geschmacklos aus sah
Die Welt wird sich biegen
Und irgendwie die Kurve kriegen
Und Menschen werden leben
Es wird gute und schlechte geben
Und so manches Hundeleben
Wird durch wache Nächte rennen
Und in seiner Seele brennen.

El viaje la boda
(Die Hochzeitsreise)

Keine Reise
Nur ein fester gemeinsamer Ort
Kein drang zum »Immer weiter fort«
Kein Memphis
Keine Traumorte
Kein Weltenerkunden
Aber immer verbunden
Auf einer Insel der Glückseligkeit
Afrika nicht weit
Die Reise mit dem Glück
Was wir schon lange gewusst
Kein Venedig
Kein Nepal und auch kein Hawaii
Was andere machen so nebenbei
Wir schaffen das Paradies uns herbei
Wo wir auch sind
Wir zwei soeben
Ist einerlei
Und so bringen wir das Glück
Auch wieder mit zurück
Für die Reise ins Leben.

Wolkenting

Wolkenting Kanarienvogel
Götterkessel
Sagengrund
Hannibal der Neuzeit
Gedanken an Vergangenheit im Mund
Magie der Zeit
Zeichenspiel wenn man es sieht
Wolkenwucht und Seelenschlucht
Wir haben es für uns verbucht
Weit ist der Krieg
Den es auch jetzt noch gibt
Und doch ist diese Welt
In den Frieden verliebt
Am Meer ist es zu sehen sehr gut
Doch stirbt er hier in Wellenwut
Verwirrspiel allenthalben
Das ist doch nur noch albern
Die Welt ist so ein albern Ding
Das sich im Schicksalskreis verfing
Man nennt es Wolkenting.

Lichterstrasse

Mensch und Tier
Geschrei für Vier
Lichterstraße ins Nirgendwo
Wolkenschleier von irgendwo
Sprachengewirr über dem Meer
Mit der Nase im Weltenrevier
Ich rieche Mensch und Getier
Luftfontänen und ein stilles
Sehnen
Im Abendgähnen
Kaum zu erwähnen
Schon stehst du davor
Ein Foto im Rohr
Welch pralle Wucht am
Himmel Vogelgezwitscher
durchschneidet das Sein
Auch wir sind bloß klein
Und mit dem Erleben
Kommt tatsächlich Regen
Die Sonne geht unter
Der Wind blähst uns finster die
Nacht entgegen.

Millenium

Zu früh!
Für die wahre Veränderung
Zu früh für den
Quantensprung Oder doch?
Sind wir bereit?
Einander zu verstehen
Miteinander zu sein
Uns von allem zu befreien
Sind wir bereit zu verzei-
hen?
Ich glaube nein
Zu spät seit die Menschheit
besteht.

Der Innere Raum

Die Innere Kraft
Die Räume schafft
Die böse Drachen nieder ringt
Die jede Schlacht im Sturm gewinnt
Wo das eigene Glück beginnt
Sich Zauberwelten schafft
Hier steht im Wind der tapfere Schmied
Hier pfeift Papageno sein lustiges Lied
Hier kämpft Don Quichot mit den Flügeln der Mühle
Hier sprießt alle Hoffnung in Herzensschwüle
Wie auf grüner Wiese hier Seele baumelt
Und alle Sehnsucht von Baum zu Baum taumelt Da
ist jeder Weg mit Buntstein gefliest
Und manchmal nur dort
will ich sein
Für mich ganz allein.

Langes Haar

Zerrinnen der Zeit
Entrinnen des Lebens
Hallo Kindheit
Erwachen vergebens
Man bleibt in sich
Der Bart wird grau
Muss es doch nicht
Alter macht schlau
Oder verzweifelt
Über die vertane Chance
Den nie gehabten Mut
Die verlorene ungenutzte Kraft der Jugend
Schau ich in die Augen der verlorenen Hoffnung?
Schau ich in die Zukunft?
Nein, mein Leben verläuft gut
Wenn auch niemals meine Büste ruhmreich
Schatten wirft in einem Mausoleum
So sind schon die ersten 30 Jahre mein Werk genug
Die Zeit ist nicht in vollem Maß genutzt
Doch mein Maß war übervoll
Und mein Glück ist weich und warm
Mein Haar ist lang und mein Glied prall
Und alle Zeit ist mir egal.

Blick ins Weite

Bunte Straßenlaternen
Mentalitätenvielfallt unter den Sternen
Wolkenburgen immer neue
Sonnensinken ungetreue
Tagesrasen fort und fort
Bald sind wir weit von diesem schönen Ort
Und dieses Weit, was man nicht sieht
Man spürt es doch im Magen dort
Es zieht und etwas hindert , dass man flieht
So ist es doch ein Stimmungsmord
Die Zeit die scheue flüchtet
Die Wolken werden schwer
Und was man hier gezüchtet
Trägt vielleicht Früchte übers Meer
Bunte Lichter gehen im Herzen mit uns
Und der weite Blick im Inneren besteht
Wo Schöpfungspause nicht nur Traumgunst
Solange irgendwas davon noch lebt.

Abendstern

Einsamer Stern
Ich sehe dich doch gern
Ich fühle dein Licht
Und doch bist du fern
Fessel der Zunge
Nächtlicher Kampf
Harmloser Plausch im Offenheitsrausch
Und Redetanz um den Brei
Was sind wir wirklich?
Was wissen wir schon?
Meine Triebe sind in mir
Ich bin ihr Patron
Wild ist der Ton in der Nacht
Hat mich um manchen Schlaf gebracht
Und ich kenne es genau
Was in mir lacht
Doch ernst ist es schon wenn es entfacht
Einsamer Stern
Ich fühle dich gern
Ich sehe dein Licht
Doch du bleibst mir stets fern.

In the elven wood
(Im Elfenwald)

Dann war Wanda da
Ein neues Leben im Leben
Ein freundliches Schwantzwedeln für jeden
Im Mittsommer
Vor der kommenden Dunkelheit des Mondes
Vor dem Untergang der Zeit
Ein kleiner Welpe stirbt vor Neugierigkeit
Ein treues Kind voll wilder Kraft
Das jedes Urteil Lüge straft
Ein mystischer Wind in unserem Alltag
Like the tale of the hobbit
Like the fall of the dragon
Nur Abenteuer macht uns stark
Sind wir große Familie jetzt?
Wenn wir zu sechst durchs Haus gehetzt
Sind wir niemals allein
Hey! Wanda bringt Schwung in den Laden rein
In unser banales Dasein
Sie ist das Abenteuer des Jahres
She is the new hobbit in our elven wood
In einem märchenhaften Leben
Mit dir und all unseren Fabelwesen eben Sitz
ich in einer süßen Falle
Doch ich liebe euch alle.

Autonium

Das Universum auf vier Rädern

Die fahrende Beule

Die verdrängte Gefahr

Schnell ist sie da und groß das Geheule

Ist doch ganz klar

Immer das selbe Spiel

Immer das selbe Ergebnis

Ich lerne daraus nicht viel

Es scheint mir ein stetes Bedürfnis

Wie ist das nur möglich?

Kalenderplatt

Was man hat
Das hat man
Hat man noch Kraft?
Zum Widerstand
Hat man noch Energie?
Leidet man wie nie
Und wie!
Doch Gleichgültigkeit macht breit
Was nach Handlung schreit
Wo ist Gerechtigkeit?
Wo ist der Weg hier raus?
Aus diesem Tollhaus
Ich bin müde
Ich bin matt
Alles Leben macht mich platt
Kann mich nicht lösen aus dem Schatten
In dessen Kern, am Marterpfahl ich steh
Und zweifellos zur Zeit nur Chaos seh
Au weh.

Ist es ein Wunder?

Die Erde bebt
Fassungsloses Elend am Bildschirm erlebt
Können sie es ertragen?
Ihre Unfähigkeit schnell zu handeln beklagen
Unter Trümmern liegen die Verlassenen
Leichenberge wie im Krieg
Der Natur den Sieg
Der Staat eine Farce
Grausame Lüftung seiner Tarnkappe
Im anatolischen Chaos stinkt es nach Aas
Durch urwüchsige Naturgewalt
In flimmernder brütender Hitze
Machen kopflose Ärzte ihre faulen Witze
Seuchen unter voller Kontrolle
Tropfen wie Gift auf historischer Rolle
Schon größere Kulturen starben hier und so elend
Keine Chance auf Verhinderung?
Oder doch am Ende des Jahrhunderts: „The End"
Ein Volk wie im Alptraum
Hier zeigen sich meine kleinen deutschen Vorurteile listig
Die Türkei ist ein finsteres Mittelalter!
Nicht nur hier sind die Menschen weit entfernt vom Sprung in die
moderne, sichere, klinische Zukunft
Ist es da ein Wunder, dass die Erde bebt?
Bei so viel Dummheit.

Giftige Muschel

Ken Saro Viwa zum Gedenken
Will ich mir Erinnerung schenken?
Muschel des Grauens
Fassungslose Welt
Unwille des immer wieder Hinschauens
Schwarzes Gold
Als tödlicher Diktatoren Sold
In moderner Zeit?
Das ist sie, unsere Menschlichkeit
Nirgends zu sehen weit und breit
Sowas wie Gerechtigkeit
Im Zeichen des Geldes
Gibt es Opfer und traurige Helden
Manchmal sind das die selben
Und es gibt Täter
Sie leben mit uns weiter
Weil wir vergessen
Und weil wir verzeihen
Auch wenn wir es hin und wieder bereuen
Es fällt nicht schwer sich zu zerstreuen
Gute Fahrt!
Wünscht der Muscheltankwart.

Wahljahr'99

Oh, Oh Oskar Saarland weg!
Vergessen ist alles!
Wozu entscheiden sie dann überhaupt?
Wozu was Neues?
Wozu die Wahl?
Alles Grüne stirbt
Denn sie wollen Spaß
Mein Geschmack ist Schal
Die Hochrechnung fatal
Jeder Wahlabend eine Qual
Die jungen Schnösel freuen sich
Jeder insgeheim für sich
Für seine Karriere, für sein Ansehen und gegen alle
Aber sie tarnen sich gut
Das konnten sie schon immer
Doch es wird immer schlimmer
Die Wähler sind immer weniger bewusst
Sie sind gläserne Medienschlucker
Sie spiegeln die Meinungsmache in sich
Und was dabei raus kommt ist nur peinlich
Armes Deutschland.

Steh auf

Sicherheit ist Unsicherheit
Dummheit ist offenbar
Wo liegt der Hund begraben?
Wohin führt die Not?
Ohne Geld kein Brot

Schon gar kein besonders schmackhaftes
Komm aus deinem Schwarzen Loch!
Denn ich sehe dich doch
Konsum ist keine Lösung
Wir lösen uns bloß auf in Nichts
Gib der Bank keine Chance
Lass die Geier warten
Mit uns warten auf den Weihnachtsbraten
Jedes Jahr der gleiche Käse
Teure Zeit, aber Hoch
Dumpfes Warten
Und hoffen auf die nächste Unsicherheit
Die dir schon jetzt vom scheinbar rettenden Ufer
entgegen schreit
Wer wartet setzt Moos an
Etwas ist schon jetzt dran
Steh auf, es ist deine Zeit.

Wirbel

Furcht über See
Das eingeschränkte Paradies Memphis ge-
wiss
Gedanken aus der Ferne Ohne Beteiligung
Aus das ich was lerne
Natur mal ganz fies
Und bald fällt schon Schnee
In China sowieso
Unberechenbar ist der ganze Menschenzoo
Doch was auch fatal
Ganz Köln bleibt normal
Und träumt von der Fee.

Oh weh, Olè SPD

Nicht nur politisch lebt man
Nicht nur kritisch denkt man
Frau sowieso
Druck auf dem Bauch
Der immer dicker wird
Voll mit Problematik
Da hilft nur stille Batik
Ein leiser Konkurs
Ein Leben im Fluss
Gegen jeden Verdruss
Wann ist damit endlich Schluss?
Die Zeit wiederholt sich
Und man sieht sich im Spiegel
der Neuen
Der Frischlinge im Alltag
Sie leiden die gleichen Leiden
Sie brennen im gleichen Ver-
druss
So ist man gescheitert am ho-
hen Ziel Veränderung
So wie unsere Regierung schei-
tert am eigenen Anspruch
Und alle sehen zu und höhnen
Doch sie wissen nicht wozu
Weil sie trotzdem weiter stöh-
nen als wäre das der Clou
So wiederholt sich alles voller
Fröhlichkeit
Und vergessen ist der Sinn
Dabei liegen wir schwerfällig
am Lebenspool herum
Und wenn schon sonst nichts
So sind wir lieber cool und
dumm.

Dittfurt ließt

Anspannung total
Politisieren
banal
Bewunderung spartal antik
Denkende Kritik
Deutschland ein Überlegen schenken
Frau D. die linke Öko-Fee
Verirrt, verwirrt mit tiefem Seelenweh
Mit Adels-Komplex und Rundumschlag-Reflex
Flucht zur Vergangenheit
Suche nach linker Kultur in der Schönen Literatur
Doch nur Brecht ist echt!
Und in ihm die *Commune* so recht pur
Im Extrem ist davon keine Spur
Doch hört man sich gerne
Sieht man die Sterne
Aber sie funkeln ganz schlecht.

Vergessene Wolke

Kleine Pilze auf japanischer Haut
Sie sind also doch auf Sand gebaut
Was ihr uns auch erzählen wollt
Eure peinliche Liste zum Kanzleramt
Ihr gut verdienende Möchtegern-Wissenschaftler
Oder kümmern euch die Opfer nicht?
Fallen sie nicht in euer Kalkül?
Da wird mir ganz übel
Und euch hoffentlich schwül
Auch wenn ich eigentlich nicht die Hoffnung habe, dass ihr an eure
Kinder denkt
Sie sind für euch nur Kapital
Und sterben müssen wir alle
Wodurch?
Ganz egal.

Grass

Sein Jahrhundert

Mein Jahrtausend wartet

Geschmacksache!

Political korrectness!

Er war dran

Und denkt so auch

Ob es wohl gesundes Selbstbewusstsein ist?

Oh Salman, deiner wär's gewesen

Protest durch Nichtlesen

Oh Jack, du wirst ohne ihn sterben

Ich kotze auf den deutschen Stolz

Wer das gut heißt, dem werde jedes Buch zu Holz.

Revolution

Wenn der Arsch juckt
Kam er lange nicht mehr hoch
Steck was rein
Dann ist er zu
Und pfeift nur ab und zu triloh
Wir sitzen hier bloß
Und gucken nur zu
Was ich schnödes
für euch tu
Revolution!
Arbeiteraufstand!
Marsch zum Thron!
Viel zu viel Aufwand
Ich bin kein Arbeiter
Nur ein Wohlstandsrabauke
Ich genieße das Leben auf Pump gerne
Auch mit schlechtem Braver- Bürger-Gewissen
Darauf geschissen!
Was geht mich die Welt an?
Ich stinke sie zu
Und euch ist doch sowieso ganz egal was ich tu
Bloß, ich halte Ruh
Aber das ist genau das,
was ich niemals tu.

Stempel in der Seele

Ein Kind , ein Kind!
Grünes Gewächs
Liebe ist Liebe
Und Schöpfung ist Sex
Du willst ein Kind
Ein Liebesgewächs
Beschwingtes Gefühl
Gern mach ich Sex
Und schöpf Molekül
Ein Kind wie wir sind
Was ich daran find?
Ist schwer zu definieren
Doch ist was zu spüren
Ein glückliches Klirren
Mein Herz ist zersprungen
Du hast es errungen
Und für immer markiert
Ich glaube,
kein Ausweg in Sicht
Die Angst, sie zählt nicht
Bin angeschmiert.

Stau

Herbststau
Seelenstau
Und ich weiß genau
Wär da kein Verzücken
Würde es mich mehr drücken
Wenn nicht gar erdrücken
Graue Welt
In dir nur noch Wasser vom Himmel fällt
Weiß ich jetzt was Freundschaft zählt?
Wenn man sich Schritttempo durchs Leben quält
Wo sind sie denn?
Wer sitzt nicht selbst im eigenen Auto drin?
Wer flucht die anderen nicht?
Und jubelt nicht im eigenen Landgewinn?
Ich gebe es zu
Wo ist der Sinn?
Das auch ich ein Ego bin.

Zwang

Zersprungen ist die Seele
In tiefer Scham
Seit 50 Jahren inneres Leiden
Seit 50 Jahren Kampf um den Almosen der Handlanger
Und die Henker-Gehilfen lachen zynisch über die schwindende Zahl
der Opfer
Sie verschwinden im kollektiven Volksgedächtnis der
fortschreitenden Zeit
Aller Gräuel wird Vergangenheit
Damals wie heute kosten sie blutiges Geld
6 Milliarden!? Kosten für ein einziges Leben zu wenig
Ein Taschengeld der Bosse
Und Anwälte
Auf den Kopf gestellte Gerechtigkeit
Es ist längst Zeit für ein Machtwort aller guten Deutschen
Nieder mit den Kapitalisten-Faschisten.
Ihr seit nicht weniger Schuld fähig wie eure Hitlers Stiefel leckende
Großväter
Wenn ihr nicht wollt, dann werden wir euch zwingen.

Recht haben

Wo das Recht haben wollen Im ganzen Herzen sitz
Wird das Recht auf die eigene Wahrheit bitter ausgenützt
Oskar deine TV Parade
Buchmessen live war Oskar reif
Es ist wirklich schade was sich hier in deinem Hirn links außen
vergreift
Dein polemischen Ton
Ist den „Schwarzen" dabei ein hochwillkommener Hohn
Das Herz schlägt links
Schon, aber in Wirklichkeit nur mit sich selber synchron
Soviel Selbstüberschätzung ist der Tod aller guten Absicht
Und sie wird dich ewig plagen
Du wirst daran verzagen
Und immer dich fragen sollen
Warum wir dir grollen
Doch dann sind wir es
Die nicht antworten wollen.

Freiheit des Lebens

Feine Strähnen
Bunte Computer Szenen
Wildes Schwanzgemüt
Was mich durch das Leben zieht

Im Schein des Winterbaldwiedersein
Zieht der Trübsinn ein
Im Staub der Allgegenwut
Tut so mancher Triebsinn gut
Aber worauf Gottverdammt warten wir?
Auf Babys vielleicht?
Auf spießige Nostalgie Melodie in unseren verrenkten
Liebeshirnen
Worauf sinnen wir im Grau der verhängten Sonne des untergehenden
Jahrtausends?
So genau wusste ich das nie
Ich werde es nie wissen unter meiner Hippie Mähne
Denn da sitzt der reaktionäre Kopf der nur von innen klopft an die
Freiheit des Lebens
Die soll es auch geben
Da draußen
Im All.

Mut

Worum geht es?
Es geht um die Ohnmacht der Triebe
Wenn ich sie einkriege und über sie obsiege
Bin ich mir doch nicht sicher ob ich nicht nächstens wieder
unterliege
Die wunderbare Websexuality verzaubert mich wie nie und ist doch
nur eine Bilderflut

Wo rettet uns die Arche diesmal vor dem Untergang
Nur die Guten meine ich
Von jedem einen
Aber dann fährt sie sicher ohne mich
Davon vor dem Cybermeer
Aus dem tiefen Ich heraus
Dem brennenden Gefühl im Unterbauch
Ich weiß das ich weiß es nicht allein
Denn ich sehe und ich höre eure Seelen schreien
Doch euer Mut ist dagegen mickrig und klein.

Die liebste Frau der Welt

Es grummelt mir im Bauch
Vergangenheit Gedankenhauch
Hier kündet sich wohl an
Was uns alle hielt in Bann
Im letzten Jahr Examenswahn
Ist heute alles abgetan
Entscheidung die das
Schicksal fällt
Uns an so eitler Stelle quält
Es juckt am Arsch

Phantompilz war's
Was sich durch die
Gedanken fraß
Wer träumt der fällt
Erst recht ins nasse Gras auf seine Nas
Und nebenan was bellt
Ganz so mich wach im
Leben hält
Auch das gehört zu meiner Welt
In diesem wunderlangem Jahr
Grummelt der Bauch soeben auch
Und Zukunft bläst Gedankenrauch wie man ihn braucht
Und wenn mich auch so manches quält
Und wen nicht auch
In diesem Jahr hab ich zur Frau gewählt
Die liebste Frau der Welt
Nur das ist es was zählt.

Der innere Teufel

Was ist schon leicht?
Kein Stöhnen reicht
Um alles zu beschreiben
Man muss es einfach weiter treiben
Versuchen immer oben zu bleiben
Auch wenn uns was beschleicht
Der Gedanke: Es reicht!
Denn wer sich so verliert
Sich in sich ganz verirrt
Die Ohren verstopft voll Sorgen
Das Herz voller Verdruss
Der macht vielleicht schon morgen
Mit allem Ärger Schluss

Doch bleibt der Teufel in der Welt
Wenn man sie selber auch verlässt
Und ist man nicht mehr selbst der Don Quichote Mühlenheld
Stürzt er sich auf den lieben Rest.

Zukunft

Was ringt da um mich?
Was ist uns umher?
Was wirkt da tief Innen?
Was wird es uns bringen?
Die Freizeitkultur
Wir leben sie pur
Auch wenn auf Pump nur
Im Spieluniversum
Lauf ich herum
Ohne Drang nach der Welt
Bin glücklich im Reich der Sinne
Bin zufrieden ohne Realität
Was macht das schon
Alles ist Illusion
Alles ist Lug und Trug
Wir sind selbst in der Zeit nur ein Spuk
Wofür sollen wir uns noch hergeben?
Wofür Engagement bestreben?
Für ein Andenken der Kinder?
Die werden auch nur für sich leben
Denn Zukunft wird es nicht geben
Und falls doch, dann werde ich's nicht
mehr erleben So ist das eben.

Mein Herz

Der Bauch spürt es auch
Was mich bedrängt
Mein Herz in enge Bande zwängt
Es bricht heraus wie ein Vulkan
Und trifft auch dich schon dann und wann
Verdammt, ich tu doch was ich kann
Doch hat hier keiner mehr nenn Plan
Alles liegt im Wandel
Doch keiner stimmt sich ab
Und ich mich drehe am Rad
Mein Herz macht mit den Handel
Am Ende gar noch schlapp
Und soll es auch gelingen
Wer wird es mir dann bringen
Ich ernte keinen Dank
Und werd davon nur krank
Bin selber schuld ganz klar
War gar zu zögerlich zur Flucht
Und zahle jetzt in bar
War Stolz zur Ignoranz
War Neugier meine erste Schaffenswut
So auch die Ehrlichkeit mein Totentanz
Nun muss mein armes Herz verstehen
Bei all dem doch nicht zu vergehen
Mal sehen.

Über die Mauer -
9. November 1989

Höre ich was klirren?
Es klirrt seit 60zig Jahr
Geht da was entzwei?
Ein friedliches Verwirren
Geht auf im Tränen-Allerlei
Man sieht die alten Bilder
Auch schon zehn Jahre vorbei
Man denkt über was milder
Wo man doch nicht wirklich dabei
Fühle ich mich frei?
Wie durch eine Glaswand
Wie mit weitem Fernglas
Damals wohl wie heute
Man sieht all die Deutschen
Man sieht auf Berliner Leute
Berlin wurde neu geboren
Und doch ist man weitere zehn Jahre unbeeindruckt geblieben im
täglichen rheinischen Allerlei
Vielleicht ein wenig Furcht vor dem prophetischen Wandel der
Massen über die Mauer
Eigentlich gleichgültig für unser normales Leben und doch
Eine geheime, kindische Freude im Herzen.
Warum nur?
Wo liegen die Wahrheiten der berührten deutschen Seele? Es
gibt viele.

Opferspiel

Was werden sie bekommen? Sie warten beklommen
Sie bangen vergessen
Seit 50 Jahren in sich gefressen
Verstorben in der
Zeit
Zerstobene Hoffnungen und
doppeltes Leid
Was tut ihr ihnen noch mal an?
Eure kalten Herzen und zynischen Erläuterungen
frösteln mich Herr Graf
Eure gespielte deutsche Wut
ist mir zuwider
Amerika meint es mit euch zu gut!
Viel zu gut, schon viel zu lange!
Denn noch immer ist euch nicht richtig bange
Es geht euch nicht um die Opfer
Sondern nur um euer Geld
Welch Überraschung!
Das ihr täglich zu Milliarden vergeudet
Aber nicht hierfür oh nein□
Ich schäme mich für euch
in meiner wunden deutschen Seele allein
Doch ihr lebt fett und feist am Zipfel der alten Macht
Wo ihr still über die Dummheit der Opfer lacht
Aber ich wünsche euch das ihr eines Tages doch böse erwacht
Denn alles kommt wieder
Auch über euch alte
Nazikrieger.

Tränentage

Wege am See
Hintereinander hergehen
Sich wütend verstehen im verletzten Herzen
Bittere Kälte über goldenem Laub
Wenn ich auch glaube
So sind solche Momente doch voller Tränen und für Verzeihung taub
Wir lieben uns sehr
Noch weiß ich es immer mehr
Immer mehr
Ich hauche es in die Kälte
Der See gefriert
Doch mein Herz pocht heiß in mir und fühlt mit dir
Mit deinem verletzten Gefühl
Und all das bedeutet mir so viel
Ich weiß was ich will
Mein ganzes Leben mit dir sein
Denn jeder Schritt entfernt von dir, fühle ich mich allein
Ein Tag voller Tränen
Ein See aus Gefühlen
Die mich aufwühlen und doch mir die Seele kühlen
Ich muss es schweigend in mir schreien
Ich will, ich will nur bei dir sein!

Wofür?

Gespür wofür?
Umgeben von Erleben
Pickel glühen mit Dreißig noch im Stolz
Computer sind auch nur aus Holz
Langes fettiges Haar
Und der Wiederkehrbauch nagt auch
Was sind das für Freunde?
Kein Verstehen
Missverstehen
Mich verfolgen Gedanken
Trübsinn bringt mein Leben ins Wanken
Kraftvoll saugt sie mein Mark
Bin ich überheblich?
Wer das wohl wirklich zu beurteilen mag?
Nur ein bisschen Recht
Aber kein Gespür für
Wofür?
Wofür ich das bloß tu.

Wozu auch?

Nagelbruch Hautfetzen
Soll ich über mich selber petzen?
Ich esse mich auf
Und schmiere noch immer Honig drauf
Oh Leben, nimm so deinen Lauf
Im Kreis
So ein Scheiß
Lebensbruch
Lebensfetzen
Gedanken durch meine Psyche hetzen
So viele, so oft schon Besserung geschworen
Und doch stets die Wette verloren
Im Irrsinn der Hoffnung
In meiner Selbsttäuschung selbst
Wofür auch ein anderer sein wollen?
Wozu auch zerbrechen an dem mir selbst gegebenen Versprechen?
Wozu auch?

Übertrieben

Lebenstrieb
Überlebenstrieb
Was ist es ?
Was uns die Lust am täglichen Frust gibt?
Wir sind verliebt

In den eigenen Nutzen
Wir geben uns Sinn
Neben dem ergreifenden Geschehen
Zum Heulen am Wasser gebaut
Bin schließlich nicht aus Holzmann!
Andere schon
Die schleichen sich lieber davon
Mit tief schwarzer Kasse
Tut nicht so als hättet ihr es nicht gewusst
So geschmiert wie triefend
So hölzern wie »Hallo-Deutschland-Puppen«
Alles bloß Pappkameraden
Im Hannoveraner Triebleben
Ist Überleben schwer
Aber frei, frei, frei reisen wir fort
Doch Vertrauen noch mehr
Für Werbeträger
Trotz Kanzlerlächeln
Und wenigstens bleibt uns die Illusion.

Arbeit gefressen

Zeitfresser
Sind schlimme Leute
Sie warten auf ihr zeitlose Beute
Ich bin nicht geschaffen dafür
Und doch Opfer einer Illusion
Wer glaubt sie schon?
Manchmal gejagt von Komplexen
Wo ist die Offenheit?

Wer sieht die Wahrheit?
Überall Hexen!
Will ich sie wirklich sehen?
Oder ist die Arbeit meine Flucht?
Quatsch mit Soße rinnt durch meine Seelenschlucht
Meine Kraft ist unerschöpflich
Und wie schon oft geh ich niemals in die Knie
Sie werden mir bloß ein wenig weich
Aber ob Wahrheit oder Schein
Wie immer kämpfe ich allein
Die Arbeit frisst sich in mich rein
Durch alle Zeit
Ich könnte schreien
Doch wird es nicht das letzte Mal sein.

Süßsauer Ping-Pong

Nachgegeben wie
ein Klügerer es tut
Bedarf viel Mut
Und eine gehörige Portion Dummheit
Ich tue es trotzdem und fühle mich elend gut
Mit ein bisschen Wut.

Schon Immer

Wir sind erleichtert denn auch wer die eigenen Verbrechen aus sitzt,
für den kommt es doch irgendwann raus
Es kommt ans Licht auch nach 16 Jahren
Die Frage ist nur wer macht sich schon was daraus
Denn es sind doch alle so
Oder nicht?

Das hat Herr Kohl geschafft
Die Gesellschaft ist kalt
Und schlimmer ist noch das uns nun auch die dummen Enkel für
dumm verkaufen wollen
Wir haben doch nichts gewusst!
Klingt uns das vertraut?
Irgendwie schon nicht wahr.

Aber es ist wahr, fürchte ich
Es wird ihnen wieder bei zu vielen gelingen
Ins Vergessen zu geraten
Und wer muss dann bloß über die korrupte Klippe springen? Eine
dicke alte Schabracke
Wenigstens die atmen wir erleichtert durch
Und doch mitleidig irgendwie.
Aber es muss sein!
Denn wir haben es ja schon immer gewusst
Warum wir dann trotzdem CDU gewählt haben?
Wir haben ja nichts gewusst!
So ist das mit uns
Also, wer kriegt da keinen Frust
Verdammte Hacke!

Mit Wucht

Späte Flucht
Nackenschmerz
Runde Lust
Dröhnen in der Nacht
Gewollte Träume
Verdrängen die Furcht
Kühle Räume
Schauen nach den Himmelsbäumen
Geliebtes Wiedersehen
Sich gut verstehen
Mit sich ins Bettchen gehen
Schöne Niedlichkeit
Befreiter Wind
Fühlen wie ein glückliches Kind
Am Rande der Alltagsschlucht
Augen zu
Innere Flucht
Vor der tödlichen Wucht.

Endzeit

Immer nur
Die Rückenspur
Verkraften pur
Mit dickem Bauch
Verpufft es auch
Wie Schall und Rauch
Jahresendzeit
Eingeschränktheit
Nur wie im Augenwinkel
Sieht man die Welt
Herr J., Herr C. oh weh!
Und wieder leiden die Menschen
Diesmal im Kaukasus
Wann ist damit bloß Schluss?
Auch nicht 2000
War eine schöne Illusion
Ist der Moderne Hohn
Doch was kümmert es uns schon
Immer weiter
Bis wir doch noch scheitern
Aber was soll's?
Wir waren glücklich Eine kurze
Zeit.

Naive Welt

Naive Welt
In der man lebt
Und ebenso durchs Leben strebt
Plötzlich kommt es dann mit Wucht
Aus der Zufallswürfelbucht
Heute noch glücklich und im Glücke mächtig
Morgen schon schlimmster Verbrechen verdächtig
Irgendwo liegt die Krucks
Fährt Polizei im Kopf
Und das mir armer Tropf
Muss man mich so misstrauisch ansehen?
Was ist in mir zu sehen Herr Polizist
Ihr Verdacht ist Mist
Sie sind völlig auf dem Holzweg.
Oder sehe ich Gespenster?
Bin ich plötzlich in der Schicksalsmühle?
Aber das ist nicht wahr
Man steckt eigentlich immer darin
Und es macht keinen Sinn
Es ist nur manchmal nicht klar wie tief
Man ist halt naiv
In der Scheiße man vielleicht schon schlief
Die dampft unter dem Behördentalar
Wer weiß schon was die mit einem machen
Steckt man erst mal in ihrem Rachen
Ich bin völlig unschuldig und doch ist meine
Obrigkeitsfurcht offenbar Neu-Achtundsechziger
im Herzen
Das ist nicht auszumerzen
Ich glaube es nicht
Und doch ist es so gewesen
Ich kann es in den Schatten lesen
Furcht fressen Seele auf
Und dazu noch 'nen Besen.

Kriminal Tango

Angst im Nacken
Kann sie nicht packen
Verdirbt die Weihnachtsstimmung sehr
Bringt mir ganz schnöde, blöde Verklemmung daher
Phantasie im Nacken
Zuviel davon fließt durch meinen heißen Adernstrom
Gejagt wie im Krimi
Fürchtet sich ganz schrecklich meine »Innere Mimi«
Vor was nur bloß?
Unschuldiger geht es nicht mehr
Aber das nützt alles nichts
Auf endloser Runde um den See mir was an der Seele frisst
Und so tut auch die beweislose Unschuld weh
Auf den Eindruck fürs Leben
Kann ich gut Verzicht drauf geben
Aber so grausam ist das Schicksal eben
Und mein armer Nacken muss auch das noch packen
Vielleicht kommt Weihnachten
die Fee
Und über die Sache fällt der Schnee
Und so geht ein Jahr zu Ende
Zwischen Glück und großem Weh
Und das es geht, wie ich das sehe, ist voll O.K.

Nachtgedanken

Der Floh im Kopf und sonst wo Im weichen Federbett vielleicht
Und du hustest auch schon wieder
Operation der lieben Hundeseele
Sie erholt sich schon
Ich streichle zuletzt immer meine liebe Tatstatur
Der Blues im Bauch bleibt
Auch wenn uns alles quält
Schwängere mich endlich!
Soll ich es wirklich tun?
Sind doch nur alles Kaulquappen in mir die da zappeln zu dir
Erholung tut gut!
Aber sind wir nicht zu zappelig dafür?
Kein gutes Buch zur Hand
Hab das Lesen sowieso verlernt
Hänge dafür zwischen den Seilen wie zwischen den Jahrtausenden
Ist auch ein Art zu existieren
Oh, Nachtgedanken
Wo kann man die notwendige Kraft bloß tanken?
Alles besetzt, jedes Gefühl.

Vogelsee

Wind, Wind und Dezember Kälte
Nasse Tage ganz fast frei
Im Kopf noch nicht so ganz dabei
Tropfen schlagen auf den See
Wo bleibt der Schnee?
Schwerer Festbauch
Tiefes Sinken in die Erde
Wildes Spiel mit dem lieben Getier
Oh sonniges Gemüt bei mir
Stilles Gleiten, frohes Schnattern
Auf dem See ein Tiefgefrier
Letzte Zeit voll Geschehen
Lass uns nach 2000 gehen
Und auch dort um unsre Seen
Weiter unsre Runden drehen.

Tigercat & Giraffe

So sind wir!
Wie ungleiche Zwillinge
Wir leiden in den Tag
In das ausklingende Jahrtausend
Bombastisch und drastisch
Irgendwie tragisch
Mit Hamsterkäufen und besonderen Besäufnissen
Und über Herrn K. bricht alles zusammen
Sein ganz persönlicher Crash
Yeeeaah!!!!
Und mit ihm sein korrupter Christenclub
Die bürgerliche Scheißmitte
Alle wahren Demokraten bekreuzigen sich
Ja, so sind wir
Und so werden wir immer bleiben
Auch wenn wir's uns selber manchmal verleiden
Wie Giraffe & Tigercat
Die Hände auf den Schoß grinsen wir bloß
Und doch bleiben wir dabei immer irgendwie nett.

2000

Ewig 32

So war das
Nasse graue Depression
Stapfen wir durch die Realität
Blicken uns nicht um nach dem alten Jahrtausend
Für Vorsätze zu spät
Einfach vergessen
Einfach weiter machen
Über unsre dummen Fantasien lachen
Wir sind drin
Ich bin drin in der neuen Zeit
Was hält sie für mich bereit?
Kaum weniger als die Ewigkeit
Ewig 32
Ein schönes Gefühl voller Kalkül
Auf das ewige Leben
Danach geht es rasend bergab
Und was wir mit dem Jahrhundert zurücklassen
Ist unsere Jugend
Endgültig ist sie's
Und bringt unser Gefühl auf schlappen Trab
Sind wir Zweitausend tauglich?
Wer weiß mehr wie wir?
Wie alle Zeit: Niemand.

Die gleiche Gier

Noch immer das gleiche Gefühl
Freunde so wie man sie will?
Spiel mit den Elementen
Sinnlosigkeit in den Händen
Vor dem Start in den Stress
Im neuen Jahr das alte Ding AUTO
Im neuen Jahrtausend die alte Gesellschaft
Was habt ihr erwartet?
Dies ist die graue Realität
Zur Umkehr zu spät
Kein Verstecken in alten Ecken
Die haben wir alle mit zu schleppen
Wir Jahrtausend-Deppen
Oh, wahrer Gott Geld
Oh, kleiner Verstand
Schon wieder stehen wir
An der Pleite-Wand
Und der Wohlstandgeier besucht unsre Feier
Hier steht er gerne Spalier
Und mit stets gleicher Gier.

Bequem

Du lässt dich gehen
Das ist bequem
Doch ich will es verstehen
Das wir uns zwar lieben und doch unsren Trieben nicht ständig
nachgehen
Ist es nur bequem?
Oder schwindet Gefühl
Im Alltagsgewühl?
Versickert die Lust unter all unsrem Frust?
Gern hätte ich's gewusst
Denn es drückt meine Seele
Und es drückt mein Gemüt
Welche Lösung ich wähle
Ist ein Urteil verfrüht?
Wenn ich damit mich quäle
Sinkt weiter mein Mut
Und ich fühl mich nicht gut
Trockne die Träne
Lass den Eindruck nicht stehen
Unsre ewige Liebe nicht im Nichts verwehen
Sei nicht bequem!

Rituale

XXX-Manie wie nie
Zu alt werd ich dafür auch nie Der starke Duft
Nimmt mir die Luft
Das Neuste ist die Interlust Ich hab's gewusst
Ewig gleiche Rituale
Und immer gleicher Nachherfrust
Ewig gleicher Tanz um das immer goldene Kalb
Frag mich längst nicht mehr weshalb
Eben noch find ich banal
Was am nächsten Tag mich wieder macht zum geilen Bock
Doch hab ich keine Wahl
Es sitzt mir manisch unterm Rock
Und ich lauf wie die gefangene Ziege um den alten Pflock.

Das tut weh

Soweit ich das sehe
Tut alles weh
Was ich nicht immer ganz versteh
Und doch ich geh in mich
Und denk an dich
Und denk für dich
Wie auch für viele andre mit
Laufe im Regen durch den aufgeweichten Pfad
Und halte mit dem armen kleinen Sorgen losen Wesen mit

Wer hat noch Sorgen?
Meine sind allen verborgen
Aber du leidest wie ein altes Eheweib an allem
was nur geht zur Zeit
So warst du schon immer
Doch wird's immer schlimmer?
Was soll's so nagt der Zahn der Gewöhnung
Und wir leben in Schönung
Und weiter schleift uns die Bequemlichkeit mit
Und nur wer jung bleibt hält mit ihr Schritt
Ich will es bleiben!
Und immer, immer es weiter mit dir treiben
Und immer, immer mich an dir reiben
Aber dir tut alles weh
So mir auch, bis ich geh
Weil ich deine Liebe brauch.

Geborgen

Geborgen in dir
Verloren in dir
Tief in dir verborgen
Mein Gefühl im Rauschen der Sinne verspürt
So wunderbar umschlungen
So warm und weich in dich gedrungen
Dein feuchter Kuss
noch immer er,
von meinen Lippen tropft
Zärtlich denk ich an dich
Tue ich es nicht?
Und verliere kein Wort zu viel

Kein Wort mein Schatz schweig still
Viele Monde war's ein zauberhaftes Spiel
Bei uns, in uns, mit dir
Ich sage längst zu viel über den Zweifel den ich in mir spür
Kann Liebe vergehen?
Kann sie ewig bestehen?
Ich bin dir immer nah und doch sind wir Begegnungsreif
Wieder mehr denn je
Lass die Zeiten nicht darüber gleiten
Lass nicht uns achtlos auseinander schreiten
Lass uns teilen alle Sorgen
Die von heute, die von morgen
Lass uns geborgen fühlen immer.

Was immer kommt

Ein ewiges Sinnen über den Dingen
Über das Geschehen in sich gehen
Durch sich hindurch erleben
Nach Weiterem Streben
Sich so manches selber vergeben
Versinken in Gleichmut und Zufriedenheit
Mit dem was man lange verpönt
So lernt man wie man sich selber verwöhnt
Verhöhnt
Entwöhnt der inneren Revolution gegen den Strom
So fließt man schließlich mit
Und nur in stiller Kammer pflegt man den Jammer
Den Schmerz im Gelenk
Das Alter das drängt
So wird man neu und scheu

Geht auf Distanz vor dem fremden Sein
Zieht sich Stück für Stück in sich selbst hinein
Ohne Wille, ohne bewusste Kraft
Man sich sein eigen Schneckenhaus schafft
Und was immer kommt
Die Lebensnerven innerlich zerbombt
Und so das Dasein ständig vergeht
Bis alles zu spät.

Kein Zweifel

Ein Schauer
Ein Ekel
Ein ungewollter Widerwille
Eine schreckliche Vorurteilsbrille
Ein Schleier vor der klaren Sicht
Was man nicht mehr wirklich kennt
Das liebt man auch nicht
Aber warum ist das so?!
Warum wird man zum Schwein
Woher kommt der Hass?
Muss es so sein?
Kein Überwinden
In mir zu finden
Kein falsches Empfinden
Keine hässliche Maskeraden mehr
Sie fallen mir so furchtbar schwer
Und liegen auch im Magen so sehr
Es drückt meine Schultern
Es töte in mir etwas ab

Ein Lebensstrang hängt schlaff herab
Enttäuschung
Selbsttäuschung
In Frage gestellt sind die Ideale
Und edle Nachsicht wird zur hässlichen Überheblichkeit
Aber wie ist es zu vermeiden
Am eigenen Charakterzug zu leiden
Tief in traurige Augen zu schauen
Die nicht mehr zurück blicken
Die nicht mehr vertrauen
Keine Ehrlichkeit
Sie wahr in Wahrheit nie da
Oder kann ich sie nicht sehen?
Bin ich mit böser Blindheit geschlagen?
Irre ich mich?
Ich möchte es mir immer wieder sagen
Ich möchte mich noch immer das Irren wagen
Ich will es beklagen
Aber ich zweifle längst nicht mehr an meinem Zweifel
Es ist einfach ein menschlicher Fluch
Und es weht bereits ein fauliger Geruch.

Grosny

Russland schweigt
Nach den Bomben
Wackelnde Bilder sprechen Bände
Wie oft noch leidende Minderheiten?!
Schon wieder
Auch im neuen Jahrtausend
Nur Teil üblicher Tagesnachricht
Wo regt uns das Sterben noch auf?
Trümmer der Zeit
Ruinen der Menschlichkeit
Zu gewöhnt
Zu nah
Zu einfach abzuschalten
Russen wacht auf!
Aber wir schweigen mit.

CDU

Wer kocht da sein Süppchen?
Enttäuschung
Seelentäuschung
Wir wollen doch glauben
Was wäre die Konsequenz
Das Eingeständnis
Nach Strich und Faden verarscht worden zu sein!
Aber wir doch nicht
Die guten Christdemokraten doch nicht
Es ist alles ganz klar
Sie waren nie Demokraten
Waren sie Christen?
Ich glaube ich bin nicht traurig
Oder nur, weil all meine Vermutung nun Gewissheit ist
Aber ihr wollt es nicht
Immer noch nicht glauben
Ihr wollt verarscht bleiben
Denn dort ist es wohlig warm
Wozu also Aufklärung?

Weit weg

Drei Tage Schnee
Fahrt nach Juchhe
Ein schönes Wiedersehen
Ein zu rasches wieder gehen
Den Winter grüßen
Den Frühling begrüßen
Weit weg und schnell nah zurück
Und doch ein Stück von Glück
Mit dir in Erinnerung tauchen
Unsre Liebe in die Eiswüste hauchen
Mit Freunden sein
Mit Freunden leben
Gibt Kraft zum Leben
Gibt Luft zum atmen
Läßt uns fühlen das wir glücklich sind
Das wir uns wiegen im Lebenswind
Weit weg und doch mit dir nah
Bis ans Ende der Welt ich fahr.

Elsaß zurück

Den Faden spinnen
Der Zeit nicht entrinnen
Bewußt dabei gewinnen
Tiefes Einatmen der Vergangenheit
Die nach Erinnerung schreit
Schwarze Vogesenkreuze schimmern im Sonnenlicht
wütend
Gräben und zerfallene Bunker des zerfallenden Jahrhun-
derts Beklommenheit der Nachgeborenen
Trauer vor der gesuchten Erholung
Doch alles Lüge im Herzen
Schönheit mit Schmerzen
Finsterer Wald im weißen Kleid dämpft die Zufriedenheit
Frieden ist gar nicht so weit
Hier ist er zurück
Über Gräbern herrscht Glück
Wann kommt er weltweit?
Längst wäre es Zeit.

Karnevale Mortale

Salto Mortale
Aus alter Zeit
Empor die Frühlingssonne steigt
Erfolg und Zweifel
Fingerbruch rechts und was
noch immer kommt über uns
Fördert die Lebenskunst
Zunächst mal ein Segen
Ein goldiger Regen
Vom Finanzamt
Die Rückkehr ins Leben

Geschluckt vom Schuldenjahr
Ganz und gar, aber gut
Bin ich in Feierstimmung?
Ist mir nicht ganz klar
Berufliches Desaster droht
Doch ich bin lässig
Es freut mich, dass du wieder Spaß hast
Unser Glück wird kommen
Und ich zieh daran benommen
Vor dem Fenster flattern die Wimpel
für die Züge die kommen Der Zug der Vögel
hat schon begonnen
Köln Alaaf!
Das Glück ist simpel
Je nach Bedarf
Auch ich werde wieder ins Leben ziehen
Ganz bestimmt und alt bekannt
Auch wenn nur mit der linken Hand.

Sonnenlied

Wiedererwecker am Horizont Bricht auf die dicke Zweifelfront
Sonnenlicht was bricht
im Hirn
Dem bieten wir die freche Stirn Und kämpfen mit der Macht in uns
Die stets wieder erwacht
Und uns zum Vergewaltigter unsrer Ideale macht
Wo steckt der Schmerz in unserem Herz?
Wo lässt er sich im Nacken wieder blicken?
Lasst ihn uns zum Teufel schicken
Wo ist die Spur quer durch unsere Gott verdammte Kultur?
Wo geht es raus aus diesem Irrenhaus?
Ich nutz jede Gelegenheit die sich mir bietet
Und sing in mir das Hohelied der Kraft
Die in mir neue Träume schafft
Nur so find ich nach jeder Qual den Weg zurück aus meinem letzten
Jammertal
Und hab ich mir die Hoffnung dann gemietet
Ruh ich mich aus und komm aus dieser Starre kaum heraus
Aber so kann ich weiter durch mein Leben gehen
Und muss nur manchmal voller Ekel in den Spiegel sehen
Was ist Gesellschaft und was eigenes Bestreben?
Wer's weiß soll mir die Weisheit rüber geben
Doch weiß ich nicht, ob ich sie dann, auch wirklich haben will fürs
Leben
Denn was zählt allein ist nicht der Selbstbeweis
Sondern das glücklich sein
Und solang ich das von mir selber weiß
Ich auf alles andre scheiß.

Der Blues

TV-Gesellschaft
kriecht in mich
Wir klotzen Zeit
multimedial
Das ist banal
aber legal
Dies Ringelrei ums Einerlei
Kampf um Krampf
Tanz um das goldene Werbekalb
Tauchen in das Verbrauchen
Die matte Scheibe anhauchen
Manchmal eine inneres Rauchen
Was ist neu?
Was „Gott verdammt" ist neu?!
Hört doch den inneren Schrei
Was ist wirklich
im neuen Zeitalter?
Nichts!

Alles Plagiat

Neu Technik, alte Überlebenstricks
Immer die gleichen Selberficks
Neue, alte dicke Bäuche
Unter klaren Sternen, alte Gebräuche
Und immer, immer die selben Geräusche
Nur der Blues ist gut!
Er fließt mir heiß durchs Blut
Er schwemmt mich frei
Er mach mich geil und hi
Er hebt mich übers Einerlei
Ich schreibe und ich höre ihn tief in mir drin
Und so macht all das Sinn Nur so!

Oh, oh Katrin

Endlich wieder frei gestoßen
Seit langer Zeit erhofft
Mir selbst bewiesen was noch geht und steht
Wie immer im Karneval in Bonn auf den süßen Lohn gestoßen
Das »Weiberfastnachtritual«
Heiliges Mondrian!
Wo man Liebe finden kann
Und Sinn und Verstand vertrinkt
Flüstert sich die Sehnsucht nach dem Abenteuer in den Kneipenwind
Der Spaß über blutjunge Schultern winkt
Jedermann und Frau in Träumen versinkt
Die Musik nach Freiheit klingt
Doch nach dem Schmerz am Morgen kommen die Sorgen
Aber es bleibt immer noch die Sehnsucht und
Im Herz ein Stück Katrin zurück
Oder wer auch immer
Im nächsten Jahr wird's süßer sein oder leuchtet früher noch für
mich ein Sonnenschein?
Das Leben soll Vergnügen sein
Warum nicht immer?
Schluss mit dem Gewimmer
Mach dich frei.

Wochenplan

Was kann man bedenken?
Was soll den Magen verrenken?
Was kann das Abenteuer mir schenken?
Nur kurzen Genuss und dann ewigen Verdruss
Vorbei jetzt!
Vorbei, vorbei!
Wie schon einmal
Und doch bleibt mir ein Lebensgefühl
Das ich nicht missen will
Ein Ziehen und Drehen und tiefes Verstehen
Ade Illusionen
Ade Risiko
Das Leben geht weiter
Und gefällt mir auch so
Die Woche vergeht
Und meine Liebe die steht.

Schicksalslieson

Dein Geburtstagsfeuilleton
Frühlingsschwanken
Bäuche die in den Sommer ranken
Vergessener Schmerz auf Rechts
Gewohnter Arbeitsstress
Altbekannte Hassgefühle
Gegenseitig verfolgt
Warum leide ich darunter immer wieder?
Bin ein Spielball der Gefühle
Auf und Nieder
Menschlich?
Ich kotz drauf!
Ich möchte lieber ein Baum sein
Ein ruhiger Riese im erblühenden Rosengeranke
Auch wenn nur
vor dem Fenster eines zum Tode verurteilten Hauses
Doch ich ziehe mit um
Es bleibt Erinnerung
Lebenslänglich!
Zeit ist vergänglich
Warum nur kann ich so viel ertragen?
Andere müsste man längst in die Klapse tragen
Doch ich bin zu schwach für die Revolution
Und das ist ihre ewige Chance über mich zu herrschen
Und sie nutzt sie gnadenlos
Immer und überall gibt es sie
Diese schrecklichen Menschen
Sie verfolgen mich mein Leben lang
Diese selbstverliebten Psychopathen
Und ich bin zu gutmütig um selber einer zu werden
Doch nötig wär's allmählich
Bitter nötig.

Danke Mr. Keating!

Wie einst die Toten dichten
Wie sie empfinden
Wie sie im Geiste überwinden
Sternen klare Nacht
Wo tiefe Hoffnung aus Spiegel naher Verzweiflung erwacht
Ich bin alt, nicht mehr der junge Spund
Den Kopf noch voll und verschlossen den Mund
Ich bin doch nur eins
Ein Dichter ganz und gar
Und nicht nur Bibliothekar
Auch wenn ich für Sekunden, Äonen lang verstumme
So hab ich doch noch immer überwunden meine inneren Täler
Durch die ich wandle als der Dumme
Und schrei mir die Befreiung auf die Tastatur
Weiß es doch alleine für mich nur
Ich bleibe doch mir selbst ein kleiner Junge
Und staune vor der Welt,
die gefesselt hält
meine unermüdlich zappelnde Dichterzunge
Nie für immer
Immer aufs Neue schwör ich meinem Talent die Treue
Und besiege unter allem Alltagstant
Die an meiner trockenen Kehle würgende Hand
Für meinen Käpten.

Furz in der Seele

Pickel im Gemüt
Furz in der Seele
Das ich mich nicht von dannen stehle
Wo es hier ums Ganze geht
Es ist für Ehrlichkeit nie zu spät
Wo brennt das Feuer noch?
Wo ist der Einzelkämpfer geblieben?
Er strampelt doch
gehetzt durch die Gänge und fremden Zwänge
Nur noch Luft im Arsch
Nur noch Erschöpfung
Überall aufgefressen von der eigenen Erwartung
Wo kommt diese Ausdauer her?
Woher die wiederkehrende Lust am Frust?
Wer weiß woher?
Doch ich weiß, ich bin so
ganz bewusst.

Freiheit

Was ist die Freiheit?
Was geschieht hier neu?
Was wohnt da in meiner Brust und ist noch ganz scheu?
Kein Fortschritt
Kein Fehltritt
Muß für die Ironie nicht sorgen
Registrierung ist die Freiheit von morgen
Gibt es wahre Freiheit?
Wohl kaum
Ein schönes Abstrakt
Kein Schutz sondern nackt ist man dann
Doch dünnhäutig verbissen halten wir daran fest
Machen es zum Manifest
Denn wir sind gegen den Stasistaat!
Gegen die totale Überwachung!
Aber mehr noch gegen das Scheißgefühl der totalen Machtlosigkeit!
Einfach hinein geboren in das System
Ausgeliefert der öffentlichen Willkür
Immer noch kein Fortschritt
Null Freiheit
Da nützt auch kein Rückzug hinter den inneren anitfaschistischen
Schutzwall
Blattschuss und schon ist alles vorbei
Erst dann ist man für immer frei.

Kottenforst

Ostergedanken
Waldluft ohne Schranken
Schönes Planen
Aber auch Gedanken die pausenlos warnen
Ohne Erbarmen
Alles nur mit Geld
Soviel kostet die schöne Welt
Und zudem scheint dir schon klar
Was mir bisher noch schwammig war
Deine Zukunft hat Plan
Meine hängt sich nur an
Denn ich bin auch ganz ohne
ein glücklicher Mann
Mir ist im Grunde egal was kommt
Doch was ich hab will ich halten
Und ich will nicht mehr streiten
Wohin sie führen die Zeiten
Wann sie endet die Kindheit
Ich will ohne Zweifel durchs Leben gehen
Willst du mich darin wirklich verstehen?
Wird es geschehen?
Väter die endlich denken
Mütter die Aufmerksamkeit verschenken
Sind neu!
Bringt uns das Alter Bedenken?
Oder nur Falten
An denen wir uns halten
Die neue Zeit zielt auf die Unendlichkeit
Vielleicht ist es schon bald soweit
Noch sind wir scheu und unsren Zweifeln treu.

Was immer geht

Ewige Freundschaft gibt es nicht
Wer bloß sitzt über diese schöne Hoffnung so streng zu Gericht
Schon vor einem Jahr war im Grunde klar, dass der Hass hier Sieger
war
Doch ich wollte es nicht wahr haben
Ich wollte die Augen verschließen
Aber woher kommt er verdammt!?
WOHER!!!
Und wieso ergibst du dich ihm?
Ich weiß, nicht kampflos aber schließlich doch
WARUM???
Noch im vergangen Sommer schrieb ich eine Hymne auf unsere
einmalige Freundschaft
Es war ein Nachruf, wie ich heute weiß
Auch sagten mir deine Augen ich irre in meiner Sicht auf unsere
Beziehung und deine verpackten Worte waren über deutlich im
intellektuellen Spot
Hattest du das nötig?
So hab ich es schon vorher gewusst
Also im neuen Jahrtausend ist stillschweigend alles vorüber
Ist es um mich zu schützen?
Sind wir so auseinander gelebt?
All das könntest du mir sagen
Ich würde es noch verstehen
Aber du lässt alles einfach wortlos untergehen?
Für den fragwürdigen Preis einer psychopathischen Geliebten
Doch ich glaube, ich habe einmal zu deutlich diese Wahrheit
ausgesprochen, nicht wahr?
Keiner verträgt das wirklich
Also schleichst du dich aus meinem Leben und aus deinen Fronten
eben
Ich sehe es wohl

Du bist erstaunt?
Du kennst mich nicht wirklich gut
Und ich gebe zu bedenken:
»Ist das die Lösung lieber W.?«
Wenn es wirklich deine Lösung ist und nicht ihre, dann geh□
Ich muss nicht länger um dich kämpfen
Lange genug wollte ich dir
beistehen, dich vor ihr schützen
Doch im Leben siegt schließlich immer der Wahnsinn
Und vor dem Selbsteingeständnis kommt die Eitelkeit
Ich sehe es endlich doch ein
Darum mach's gut mein Freund
Ich wünsche es dir trotz allem von ganzem Herzen
Aber mit bleibenden Schmerzen.

Sinnliches Geschöpf

Was glüht im Bauch?
Was hämmert im Kopf?
Was zerrt an mir
Zerreißt mich auch
Zieht mir am Schopf
Übersät meine Haut mit
glühenden Vulkanen
Dauerstress!!!
Dauerkampf mit den ei-
genen Fähigkeiten Eitles
Durchhalten

Janusköpfiges Bereitsein
Sich völlig verbrauchen
Sich seiner Manneskraft berauben
Eunuch der Arbeit sein
Und doch ist es wie eine Droge
Es ist der Wahn der Zeit
Was da in mir schreit:
»Ohne geht es nicht!«
Oder doch?
Ich verweile kurz
und wünsche mir die Ruhe so sehr herbei
Die Geborgenheit in deinem Schoß
Das heimatliche Familienfloß
Sein mit den schutzlosen Geschöpfen
Ein Kind mit dir
Und es behüten
Ja, ich würde es gerne tun
Nur grasen und auf der Weide muhen.

Jahundertmai

Weizengrasmeere flimmern im Staub
Ständiges Vermehren
rund um her und wildes Zwitschern macht ganz taub
Hitzewelle im frühen Sommer
Keine Lust zum Streunen durch die Wildnis
Hund und ich sind frei
Es bleibt uns einerlei
Denn ich schwitze in der Arbeitshitze

Und ich spiele im Gedanken mit dem Ziele nicht zu wanken
Doch meine Kraft erreicht die Spitze
Ihr wollt auf Bauernhof
Mit Tier und Kinderschar drauf los
Es ist ein wahrer Liebesbeweis
Ein Schild gegen die kühle Zeit
Freundschaft noch jung und doch mit allen Zeichen für die Ewigkeit
Gemeinschaft fürs Leben?
Man muss drüber reden
Denn was heute so sicher scheint, ist schon morgen schnell Vergangenheit
Hab's gerade erst erlebt, noch nicht verdaut
Noch Trauer über meine kalte Schulter schaut
Diese und mehr Gedanken in trüber Hitze sich um meine Stirne ranken
Wie millionenfach unter diesem Himmelsdach
Was sind da meine
dann schon wert
Wer lebt schon heute unbeschwert
Doch gibt's nur einen der sich darum schert
Dann macht die Welt vielleicht mal kehrt bevor alles zusammenkracht
Hör ich da jemanden der lacht?

Fenster zum Hof

Trink mir Mut an
Gegen den Frustzwang
Gegen die Trägheit
Des Alleinseins
Kann nicht wirklich sein ohne dich
Muss mich erst tagelang finden
Mit deinem wundervollem Eierlikör überwinden
Ich vermiss mich
Ich vermiss dich
Ich altere stündlich

Und bepiß mich
Wo ist der Erfolg?!
Wo ist der verkaufte Spaß
Herr Raab
Hätte ihn auch gern
Aber umsonst
Fenster zur Hoffnung
Was im Spiegel bleibt ist immer dasselbe müde Gesicht
Und etwas Glück bringt auch die tausendste Wimper mir nicht
Wie soll das weitergehen?

Was ich mag

Laufen durch stinkende Luft
Sonnenschein durch Wolkenbruch
Entspannen gemeinsam
Gedanken wälzen einsam
Doch heute mal nicht
Schönes Schlendern und Plaudern
Mit Freunden sein unbeschwert
Kein inneres Zaudern
So wenig ist es und doch so viel wert
Und dein Hals tut weh
Wie so oft in diesem Jahresteil
Wir hangeln uns am Lebensseil
Wir dringen durch dumpfes Häm-
mern im Kopf Und ziehen uns im-
mer wieder am Schopf Durch den
nasskalten Tag
Doch das ist was ich mag.

Ohne Heimlichkeit

Vergangene Zeit
Ohne Heimlichkeit
Laterne wirft Schatten vor roter Wand
Chaos in unserem Liebesland
Was lebt in mir?
Was lebt in dir?
Ist Zweisamkeit die Lösung hier?
Ich will Teil haben
Du willst Gemeinsamkeit
In mir glüht Lust
Und in mir frißt Frust
Mal Licht mal Schatten
Gehören wir beide schon zu den Satten?
Unsere Körper altern
Unsere Zeit vergeht
Und wenn wir nicht stoppen
Ist's irgendwann zu spät
Gewöhnung droht
Abwechslung tut Not
Ich weiß, nur Liebe versteht
Was im Herzen vorgeht
Wenn der Atem des Zweifels darüber
weht

Liebe im Sturm

Unrechte Worte brennen im Bauch
Stürme segeln durch unsre Wälder
Sie sind der Todeshauch
Tot ist am Morgen was heute noch lebte
Wir suchten die Ville
Und haben überlebt
Die alten Fürstenpfade entlang
Keine Landschaft die je so tief in mich drang
Schönheit der Bäume
Heimat von der ich verborgen träume
Mit dir im Schatten der Wirklichkeit
Mit dir Hand in Hand durch die tosende Zeit
Ich lieb nur dich
Ich liege in deinen Armen
nur gerne
Und träum von der nächsten Urlaubsferne
Doch täglich muss ich von Innen nach Außen mich kehren
Meine Lust mit meiner Kraft die Klinge queren
Bist du mir treu?
Wenn ich es nicht sein kann
Nichts ist ganz neu
Wer wagt sich an den Schein rann
Wir leben was tausendmal so gelebt
Glück scheint Kopie
Und doch ist es irgendwie schön wie nie
Aber es ist da ein Streben
Ein tierischer Zwang
Manchmal wie ein Beben
Für das ich nichts kann
Oh doch, wir sind immer bewusst
Ob im Glück oder im größten Frust
Hilflos sind wir nie
Wir finden immer heraus
Wir wissen bloß manchmal nicht wie
Und gelegentlich ist es auch vorher schon aus die Maus.

Toter Ritter

Laufende Nase
Kampf mit der Natur der Dinge
Lebensluft um die ich ringe
Freiheit im Mai
Mit den Gedanken nicht mehr so ganz dabei
Fort vom stinkenden, staubigen Alltag
Leben im Sommersein
Müdes Streben nach Geborgenheit
und doch im Herzen mit mir allein
Abgrenzung von der Jugend
Laster vor Tugend
Ziel ist ein ruhendes Alter
Ich bin ich und klammere mich an stillen Idealen
Für die meine Gefühle leiden tausend Qualen
Doch eins ist Wahrheit
Zu sterben müssen wir verstehen
Mit dem Leben von dannen gehen
Kein Ausweg aus dem Sein
Macht allen Mut klein und schwächt bis in jede Faser hinein
Darum wisset;
Gesundheit ist ein zufälliges Gut
Ich bin nicht Unsterblich und auch nicht gefeit aller Krankheit
Und diese Erkenntnis tötet allen Edelmut in mir
Der Ritter stirbt in meiner Seele jetzt und hier
So wird aus dem Menschen zuletzt doch nur das elende Tier.

Der edle Quichote

Wenn die Angst vor der Courage flieht
Und der Mut ganz kurz vor der Heldentat von dannen zieht
Dann weiß mein Hasenherz und weiß darum nicht zu spät
Ich bin nichts mehr als nur ein Scherz der hier mit wehendem
Geflatter und rostiger Rüstung durch modernes Leben zieht
Ich bin der Don Quichote der Neuzeit
Ich bin der Ritter vom verschlossenen Visier
Und zudem noch mein eigner Sancho Pansa hier
Und wir reiten durch die echte, böse Welt
Die uns zurecht für Trottel hält
Und träumen uns doch weiter
So wie es auch nur uns gefällt
Nur gelegentlich fällt uns ein Geistesblitz vor die schmutzigen Füße
Doch ob es der ungleiche Kampf mit dem Mühlen-schlag
Ob es der Ritt auf bockigem Esel ist
Es bleibt doch ein Abenteuer Tag für Tag
Der Kampf mit dem ständigen Bösewicht
Auf zum Gefecht!
Auch wenn wir im Ganzen verlieren
So ist unser Siegeswille mutig und echt
Und unser Glaube an das Gute wird alle Falschheit parieren
Das ist doch wahrlich nicht schlecht.

Wurm im Gedärm

Was mich stört ist der Wurm in mir der mich empört
Der mich zerfrisst und mich zerstört
Den die Moral in mir beschwört
Der tief in meiner inneren Zelle meine Unschuld, gelegt in schwere
Ketten, jeden Tag verhört
Was willst du vom Leben?
Willst du nach Höherem streben?
Oder ist dir all dies Wurscht?
Drängen dich deine Mitmenschen zu solchen Heldentaten?
Oder ist es die Todesangst auf Raten?
Was treibt in dir voran?
Was lässt dich dann und wann noch warten?
Ich kann es einfach nicht erraten
Er bohrt in meiner Seele rum, er macht mich taub und macht mich
dumm
Und schließlich werd ich drüber stumm
Die Antwort muss in mir noch warten.

Fußabdruck

Im Sand sehe ich ihn schon davon laufen
Er rieselt durch meine Finger in braune Haufen
Wir folgen der schwachen Spur ganz wie immer
Wir schleifen uns in den Sommer mit viel Gewimmer
Und einem großen Partyknüller
Purzeln wir in die Ferien hinein
Und dann Provence Hali
Das muss jetzt sein
Schritt für Schritt ins erhoffte Sommerglück
Und Stress bleibt immer zurück
Aber Stress fährt auch mit
Und so tropft unser Schweiß
Von den Füßen so heiß
In das sandige Weiß.

Staufen
Rast des Teufels
Deutsches Idyll
Wieder zieht es mich in dein altes Domizil
Gutes Essen
Köstlicher Wein
Häuschen aus Pfefferkuchen fein
Im Herzen ein fester Platz
Freiburger Land
Den Träumen vom Lebensparadies verwandt
Hier bleiben
Hier sich in Dichterherzen schreiben
Hier in Abendsonne liegen und das Land lieben
Vergessen alle Pein
Ertränken sie vollständig im badischen Wein
Oh du schöner, schöner Schein
Dein Name kann nur Staufen sein.

Reise

Ich fahre mal wieder ins Frankenreich
Überquere die Alpen Hannibal gleich
Ans Meer, zur Sonne, zur Lebenswonne
Zwei Wochen fort aus dem Kölner Abort
Eine Reise zur europäischen Seele

Mit der ich mich ungewollt quäle
Fort vom Alltag der politischen Gedanken
Fort mit den Gedankenschranken
Nur am Rand von Deutschland noch hangeln
Aus dem Schatten der Dummheit heraus sich angeln
Weg aus dem Maulkorbland
Du, mein Hund und ich
Den Herr Kohl für sich als erster erfand
Um nicht über eigene Verbrechen zu sprechen
Und wohl auch zu denken nicht
Oh je Deutschland, Mephisto hat dich in fester Hand
Doch so wie auch Faust aus dem Leben verschwand
Geht es jedem, der seine eigene Dummheit nicht früh genug erkannt.
Wie wohl auch immer
Schluss mit dem Gewimmer
Wir reisen fort für fremdes Geld und mit Kutsche auf Pump
Wir essen gut und kugelrund
Was kümmert uns für kurze Zeit die Welt
Wir leben durch unser Erleben und sind ihm niemals bloß ergeben
Das ist es was zählt.

Annecy

Annecy
Klares Wasser
Hohe Berge
Erinnerung in Poesie
Französische Vergangenheit
Weltliches Getümmel
Regen wie aus Kübel
Auf alle französischen Lümmel

Quartier vorüber, Zeit vergeht
Wandas Spiel mit dem Tod ohne Not
Die wahre Sucht nach Erholung
Und Suche nach Entspannung die besteht
Freier Fall unter die Ablenkung ohne Einschränkung
Kampf mit dem fremden, neuen Moment
Mit dem man drei Wochen um die Wette rennt
Annecy vorbei, solang ich es in tiefe Schluchten schrei
Etwas gesehen, was wir schwer verstehen
Aber gerne wiedersehen
Annecy, ich dir entflieh
Und weiß doch nicht ganz wie.

Rocbaron

Mistral
Suche nach der Sonne
Wie überall
Sturm im Nacken
Fahrt durch Afrikas Hinterhof
Traumhafte Strände
Sand in jeder Pore ohne Ende
Suche nach Wasser
Sturm auf der Straße
Lärm in der Gasse

Enttäuschendes Quartier
Es ist zu dunkel hier
Aber Poesie vor dem Fenster
Wein und Blumenpracht
Hier im Fluchtwinkel der Zivilisation liegt Rocbaron
Doch nichts schützt vor der menschlichen Irritation
Kampf der Kulturen
Die bereits verwehten Spuren
Im heißen Wüstensand
Überall verwandt
Oh geliebter heimischer Regen
Was soll uns in zwei Wochen
Noch alles bewegen
Was auch, es wird auf Papier gebannt.

Was ist Kultur?

Abendsonne
Heiße Haut
Stimmengewirr
Wenig vertraut
Feuer im Wald
Mittelmeer kalt
So sind die Autoparadiese halt
Was ist Kultur?
Reichen alte Steine nur?
Was such ich hier?
Nichts ist gewiss
Inspiration bringt es mir schon
Eindrücke schmücken Papier

Aber wofür?
Fort aus dem Heim
Ins Leben hinein
Leben in fremder Kultur
Doch von neuer Kultur kaum eine Spur
Chaos pur
Nur was wir nicht verstehen
Wird trotzdem weiter bestehen
Abendsonne
Heißes Hirn
Verwirrung wird laut
Soweit man auch schaut.

Schwarze Pest

Sie loben ihr Maria Magdalenenbild
Ein Schädel der bis in unsere Zeit verfällt
Unter prächtigem Kirchdach
Spiegel alter Zeiten
Werfen Schattenbilder in die Weiten
Wie Hundeleben die sich um zerkaute Bälle streiten
EURO 2000 versinkt in Vergessenheit
Alles nur Spiel
Und Geisterkriege tobten in Avignon
Hier auf ketzerischem Terrain
Sitzen wir in Regenzeiten mit Urlaubsagonie
Und lesen uns aus alten Seiten vor über alte Zeiten
Schwarzer Beulentod wird nachempfunden
Wie anders sind die heutigen Sorgen
Und doch leben die Menschen
In gleicher Seelennot

Neben dem Tod das rauschende Fest
Wohl den Reichen!
Doch aus sie trifft die Pest
Und macht Ungleich zu Gleichem
Apokalypse 2000
EXPO, wohin führt die Zukunft des Menschenhaufen?
Mein Urlaub ist mein Fluchtpunkt
Aus allem Weiterstreben
Hier bleibt die Zeit
Sie wandert weit nur in Vergangenheit
Und füllt so auf mein Leben
Und vermehrt den zweifelhaften Zukunftswert.

Glaube

Ich glaube nicht
In mir ist steter Zweifel
Der hält tapfer über alle Unvernunft Gericht
Ich lästere stets über die Furcht
Die viele sehr bewegt
Und sie in Gottes Schoß,
so trügerisch in Sicherheit wägt
Wie kommt solch Wahn
In so viel Herzen an?
Ist die Suche nach dem Sinn
Durch die ewig gleiche Antwort „GOTT" schon
ganz allein Gewinn?
Ist Gott nicht auch nur Flucht in schöne Fantasie?
Oder harte Eigenzucht bis zur bitteren Agonie?
Auch ich möchte ewig leben
Daran kann es gar keinen Zweifel geben
Aber Leben nach Gefühl
Leiden wie ein armes Schwein
Traurig sein und Glück verspüren
Mich nicht sofort zum König aller Schöpfung küren
Sondern mit ihr als Gleicher existieren
Mich im Zufallsspiel der Zeit verlieren
Schauen was mein Herz versagt
Wagen was der Mut mir traut
Verlust mit Liebenden beklagen
Gewinn auch zu verteilen wagen
Und jetzt und hier sein,
wie ich bin
Geprägt von alten Ritualen und ritterlichen Idealen
Die alleine menschlich sind
Mit aller eigenen Schlechtigkeit
Die mir kein Sakrament verzeiht
Und so aller Glaube
in Irrtum mir versinkt
Und das Leben dafür wohltuend nach Wahrheit stinkt
Das ist doch glaubhaft.

Mistral

Geisel der Provence
Heißer Wind
Himmlisches Kind
Sand zwischen den knirschenden Zähnen
Kaum zu erwähnen
Heißer Kaffee zum abendlichen Dessert
Träumender Hund
Bauch voll und rund
Postkarten an die Heimat
Berge von ungelesenen Büchern
Was tragen wir davon?
Bilder der Reichen und Schönen
Hallo St. Tropez zum Gewöhnen
Uferpfade voller Entzücken
Yachten und Villen
Wo schlagen wir Brücken?
Tempel des Geldes im Winde verweht
In unseren Köpfen ein Traum überlebt
Doch schon zu spät.

Zur Eitelkeit

Immer wieder drückt er mich auf und nieder

Der Blick in den Spiegel

Wer ist der Schönste im Land?

Ein Fluch ist der innere Blick

Und kehrt die Schönheit dann zurück?

Dann lauf ich wie ein stolzer Pfau

Den ganzen Tag zur Schau

Wie weggeblasen ist die Sau

Und dann bald wieder kommt das Nieder

Und drückt mir schwer auf das Gemüt

Der Außenblick hat schwer Gewicht

Und über mir der Stab nun bricht

Die Hässlichkeit gibt mir Gesicht

Trotzdem beim nächsten Schönheitsschub

Wird Eitelkeit noch mehr zum Fluch

Ich mich so über alle hebe und schwebend in den Wolken lebe

Ertappe mich bei Urteilsfindung über arme Menschenkröten

Oh welch hassenswerte Seelenwindung

Bringt mich zum Erröten

Du so schlechteste Empfindung

Wie kann ich dich nur töten?

Prier le jour

Roter Wein
Zum guten Buch
Erzählung der Geschicht genug
Die mich durch die Tage trug
Liebesspiel am Nachmittag
Mit Hitze durch den faulen Tag
Ade Kanada
Betrug am armen Mann
War unbewusst mir doch schon klar
Und was mir tut so weh
Ich weit von mir, weit fort schon sehe
Und was mir tut so gut
Ich noch genieße kann
Träume dabei vom Leben wie Gott in Frankreich
Wo ich ganz sein kann in Natur
Auf leichter Lebensspur
Mit meinem Wein zufrieden sein
Liebe mit dir leben
Du bist ganz mein
Es wird hier keine Rückkehr, niemals geben
Trotz aller Zwänge
Ich such diese schöne Enge
Mit dir, mit Hund und einem Glas Wein
Kann ich nur wirklich glücklich sein.

Wirrwarr

Plötzlicher Sturm im Leben
Freedomship in Not
Rettende Arche oder eisernes Paddelboot?
Doch den Helden spielen?
Hallo Harry Potter!
Die Erzählkunst ist noch nicht tot
Im Sinne nur das Fliegen
Über den phantastischen Intrigen
Blonder Geist geht um
Dreht mir den Magen um das Herz herum
Fantasie treib mich fort vom Jetztsein
Oh Hund! Du Flohsack!
Längst ist es nicht mehr so schlimm
Wir lieben dich trotzdem
Tief in uns drin
Welch Erlösung
Und doch eine Kneifzange im Bauch
Dort wo der Blues wohnt
Und mein Leben vertont
Sind es bloß diese Narben im Gesicht?

Unter See

Im Boot
Im Reality Containerschiff Trifft es die russische Seele
Bis zum verrecken
Soweit denken selbst die Schnecken
Um ihre Geheimnisse zu wahren
Und wir hocken in unseren inneren Kopfzimmern und hören nur das
eigene Wimmern
Wie abgeschottet
Wie immer
Warum sollte es hier anders sein
In unsre Welt kommt keine Geisel rein
Es wären auch zu viele Helden sonst.

Stolz & Ehre

Schwüle Gefühle
Sommerregen bis auf die Haut
Bewusstes Vergeben schon so vertraut
Von beherrschenden Dingen
Die mich dazu bringen

Mit tiefer Angst zu ringen
Und in mir sitzt tiefer Frust
Über den schmerzlichen Verlust
Von Stolz und Ehre
Umgeben sind wir von immer neuem Technikspielzeug
Auf das auch ich nun schwöre
Im Herzen geweckte Begehrlichkeit
Nach Cyber-Schönheit
Lust auf das ewige Netz die mich quält
Sucht die mir schon jetzt immer fehlt
So schnell lebt die Zeit fort
Sie hetzt von einem Mediapunkt zum nächsten Trendtod
Sitzt mir da die Angst vor der unverstandenen Jugend im Nacken?
Ich wusste nicht, dass auch mich sie eines Tages würde packen
Ich war völlig ahnungslos
Ein armer Narr nur bloß.

Das Schwert

Oh trügerische Hoffnung
Was bleibt als Lebensziel?
Von dem ich noch was will
Auf das ich hier noch baue
Kein Nerv der nicht verletzt
Kein Schmerz den ich nicht scheue
Wofür überleben wir in diesem Luxus hier?
Und bleibt uns zum Hohn

Nur Papier als Zeichen der Revolution
Darauf steht die innere Kraft
Die unser Leben zum etwas Besseren dreht
Doch zu spät, zu wenig, zu schwach□
Nichts macht den Einzelnen bedeutend
Nichts macht ihn wert, als nur sein schreibendes Schwert
Wofür der Kampf gegen dumpfe Ignoranz?
Nur für den eitlen Stolz
Das ist die traurige Wahrheit
Sie steckt im faulen Holz.

Warum auch nicht?

Blondes Gift im Herzen
Lange Beine die mit mir davon schweben
Und doch schmerzen
Auf trügerischen Wunschträumen eben
Die mit mir scherzen
Die Suche nach dem Kick in der Zeit
Immer wieder es in mir schreit
In diesem Jahr besonders die Probe meiner Kraft
Mein Herz zu Boden rafft
Was spricht dagegen?
Soviel dafür!

Du willst ein Kind und ich steh schon mit einem Fuß an der
Ausgangstür
Mit Seitenwind
Mein Kopf dröhnt
Alles kommt zusammen und will sich mit Wucht in meinen Magen
rammen
Das Leb zu genießen ist doch unsre Pflicht
Ich liebe alle Schönheit und schau mir dabei ungern ins Gesicht
Wo ist da der Ausweg,
ich sehe ihn nicht
Und bin auf Schleichpfade aus
Hinaus ins Licht
Ich weiß ich will alles Glück das über mich bricht
Warum auch nicht?

Finstere Träne

Dunkle Seite
Finsterer Fluch
Septemberbruch
Wahnsinnsturm
Leuchte rings herum
Durch den wütenden Sturm
Ist es das, was ich suche?
Ist es das, was will?
Es ist unser Leben und kein Spiel
Doch ich rüttele an mir vergeblich
Alles scheint mir unerheblich
Wo liegt die Wahrheit?
Ich tanze auf allen Hochzeiten volltrunken
Natürlich fällt das auf

Du merkst es, ich spüre es
Es ist mein finsterer Glaube an das Gute in mir
Naives Tier
Er wird mir zum Verhängnis
Ich zittere vor Bedrängnis
Es frisst an meiner Leber
Es stößt mir in die Eingeweide wie ein wilder Eber
Und es geht einfach nicht vorüber.

Magie im Schoß

Was mich tief berührt
Mich zu deinen feuchten Abgründen führt
Die wunde Seele mir streichelt
Den Zweifel eliminiert
Das gibt mir neue Kraft
Speist mein Herz mit neuem Saft
Deine Zärtlichkeit in mir Erfüllung schreit
Mich aus der Umklammerung löst die mich seit Wochen aus der
Beziehung stößt
Endlich scheine ich zurück zu finden
Die Sucht in mir zu überwinden
Was ist denn wirklich wichtig für das Leben?
Für meines bist du das Teuerste
Bist du das Wertvollste
Das was in mir sitzt
und seine Initialen in die Wände meines Herzen ritzt
Du bist es!

Stinker

1

Diese nach innen Stinker
Verschlossene Herzen
Finstere Angst frisst sie auf
Mit Strunk und Stil
Besonders dem Stil geben sie den Lauf
Kleinmütige Weiber
Ängstliche Ämter
Alles Arschlöcher durch die Bank!
Ich schrei es gegen jede Wand
Gegen jede

2

Wie nur überlebe ich in diesem Land?
Woher nehme ich die Kraft, diese Tränen zu überwinden?
Zu meiner Lebenskraft zurück zu finden?
Woher nur?
Tief aus dem Herzen und tief aus dem Hass
Und aus der Intensität meiner Schmerzen
Die niemand erfasst
Nur du vielleicht

3

Ich schweige in die Zeit
Die kein neues Glück für mich hält bereit
Oder erkenne ich es nicht!
Und tauche wieder unter in meinen Moloch
Stinke weiter vor mich hin
Und schlage aus meinen Zweifeln Gewinn
Doch wo, wo ist der Sinn?

Leben

Innerer Grimm
Verrotte doch tief in mir drin!
Nur du mein Herz bist lebenslang mein Reingewinn
Mein goldener Schnatz
Mein Lebenssinn
Trotz ewiger Vergnügenschatz
In der ich durch den Alltag platz
Oh, alter Strick
Oh, Pickel im Antlitz
Oh, ewiges Spiel
Oh, nie erreichtes Zielebündel
Solcher Schrei gäbe es viel
Aber mit Freunden im Regen
Sich dem Spott und Hänseln hinzugeben
Das, oh Augenblick,
ja, nur das heißt Leben.

Niemals

Ein Verlangen
Ein um die eigne Seele bangen
Ein Wurf in tiefen Boden
Ein Griff an heiße Hoden
Dein Ring leuchtet
Dein Körper zieht mich an
Ich spür ganz und gar ich bin dein Mann
Egal was ist, was kommt, was war
Egal durch welches Tal wir gehen
Egal welchen finstern Sturm wir noch durchstehen
Dein großes Herz macht mich so froh
Dein zarter Sinn ist mir Gedicht
Das schafft die schnöde Wollust nicht
Das irgendwas von uns zerbricht
Niemals.

Was kann ich noch empfinden?

Wenig Elan
Für Entfremdung frei Bahn
Und ich muss in mir überwinden
Was niemand wird finden
Gemeinsamkeit mit Einsamkeit verbinden
Gefühle die schwinden
Wo ist die alte Bindung?
Wo ist das Zusammengehörigkeitsgefühl?
Es kostet mich Überwindung
Und in mir ist alles schwül
Doch ihr seht es als Empfindlichkeit
Ach ja, der bin ich, der alles so ernst nimmt
Vielleicht habt ihr recht
Aber ich glaube es nicht
Ich glaube, über alles sitzt doch irgendwer mal zu Gericht
Und dann weiß ich wer sich treu war
Für das wenigstens, schau ich mir Stolz ins Gesicht.

Ich bin nicht Ich

Ich bin nicht ich selbst
Ich versuche wer anders zu sein
Warum?
Ich jage den schönen Schein
Und dann passiert es
Dann benehme ich mich wirklich wie ihr es erwartet, wie der kleine
Bruder
Wie der dumme kleine Sohn
Ich hasse meinen Übermut dafür
Und eure stumme Verachtung ist mein Lohn
Ich stolpere über meine Gefallsucht hier
Es kommt einfach über mich
Ich find mich dabei so widerlich
Doch nichts zu machen
Es passiert immer wieder
Und es drückt mich nieder
Warum?

Die Bösen

Spätsommerregen
Ein Stück durch das Leben sich weiter bewegen
Ein wenig verschnaufen
Gedanken, zusammenraufen
Druck durch die Seele
Für andere mit leiden
Die netten Kollegen
Die, die es noch weniger verdient haben als man selber eben
Mit den Bösen leben
Aber, auch sie wissen nicht was sie tun
Sie sind wie sie alle sind in dieser Zeit
Und ich sehe in sie
Wie sie doch nur glauben besonders zu sein
Besonders gut
Wie wir alle das von uns denken
Doch alle sind wir anders
Alle sind wir fehlbar
Es rutscht aus uns heraus
Es ist unser tiefstes Ich
Und um unsere eigene Moral kümmert es sich nicht
Manche treibt es in den Wahn
Manche werden zum Tyrann
Die Bewussten sind wenige
Denn Bewusstsein wäre Qual
Und nicht nur das.

Rheinschau

Über Panoramawiesen
Die Füße Slalom durch Schafsdung schieben
Und Wanda spielt noch ohne Ahnung
Das der Nachwuchs schon in Planung

Rheinschau
Über Panoramawiesen
Die Füße Slalom durch Schafsdung schieben Und Wanda spielt
noch ohne Ahnung
Das der Nachwuchs schon in Planung
Spätsommersonne leuchtet vor den Brücken bis zum stolzen Dom
Der Morgen schafft Erinnerung schon
Vor 10 Jahren war alles anders
Und doch ist alles wie es immer war
Rheinschau mit meiner Zauberfrau
Wellen der Zeit mal hoch mal mau
Mensch und Tier vom Lärm befreit
Oktober 2000 taucht ein in die nächste Lebenswende
Wir bleiben alle was wir sind bis zu unsrem bitteren Ende
Und unsre Gedanken trägt der Wind.

Im Magen

Worüber man nicht reden mag
Worüber wir gemeinsam schweigen
Und doch im Stillen für uns leiden
Es muss was geschehen!
Bevor wir im Schuldenschlund untergehen
Es muss!
Ich bewundere deine Vorsätze von heute

Hoffentlich leben sie morgen noch
Ich erkenne meine eigne Schwäche zu sehr
Und du bist du
Ich bekomme das schnöde Geld kaum über die Lippen
Und schon fühle ich meine Vernunft nach hinten kippen
Pfui!
Ein schlechter Geschmack durch den Tag
Den ich zu gerne verdrängen mag
Wie schaffen das die andern bloß?
Wo wächst denen den das Moos?
Disziplin, ich weiß
Aber es sollte mich wundern
Wir werden wohl noch weiter tragen
Den Stein im Magen.

Völlig leer

Ohne Kopf im Spiel
Immer weiter trotten
Gehör ich zu den Flotten?
So leidest du am Alltagsstress
Ich leide mit dir
Ich sehe dein armes Herz wippen
Ich balle die Fäuste und stemme die Arme in die Rippen
Ohne Sinn schwimmt man dahin
Während andere noch sinnloser sterben
Und Erinnerung vererben

Eine Sekunde nur
Nur eine Sekunde im Leben
Und alles war vergebens
Alles vorbei
Und nun wirst du verfolgt Und nichts lässt dich los
So ist jeder gefangen
In seinem eigenen Schicksal aufgehangen
Wo ist der Sinn?
Wie oft schon brüllt es in mir drin?
Doch da ist es wieder mal leer
Verstehen ist einfach zu schwer.

Braunes Laub

Herbstlaub auf dem aufgeweichten Boden
Kabelwust im Kopf
Menschen denen man was Gutes gönnt
Hallo Zeitmoment!
Gedanken an Transsilvanien
Kampf gegen die ewige Leitkultur
Tanz Pirozka!
Gegen den dumpfen Hass
Es sind Menschen
Wenn du sie kennen würdest
Ein wildes Pochen im Herzen
Ein fader Geschmack im Mund
Und du mein Schatz erduldest in diesen Tagen für deine guten

Argumente Schmerzen ohne Grund
Wieder der dicke Hals
Von mir geerbt
Und ich hatte lange keine Vergnügen mit dir
Muss selbst Hand anlegen um mich zu trösten
Reine Routine
Doch hierfür von Reue keine Spur
Das ist meine deutsche Leitkultur
Eure auch.

Frau I.

Unbehagen
In dir ist ein Geist
Der meiner Zuneigung in die Seele scheißt
Zu wenig kennt man sich
Zu nah ist doch all das, an dem was alle plagt
Um schnell ein Urteil über dich zu brechen
Denn all dein Pech im Leben will sich scheint es, ohne deine Schuld
an deiner Seele rächen
Pass auf, auf sie Frau I.
Ich spreche zu dir, als einer der hier, trotz eigner Schuld, die
Warnung wagt
Nimm sie zu Herzen dir.

Hallowahn

Herbststurm

Blättermeer

Wenn Rechte marschieren durch unsere Republik

Gegen Wind und Wetter hör ich euch parlieren

Sitzt euch die Scham im Genick

Was wollt ihr erreichen?

Wann wird der Frust von euch weichen?

In einer stürmischen Zeit

Zieht die Kürbismasken auf und schreit

Grinst beleuchtet daraus hervor

Schreit den Protest im Chor

Stoßt hindurch, durch euer fest verschlossenes Tor

Und schaut auf die verschlungenen Wege dahinter

Schon bald ist wieder frostiger Winter.

Spuren im Matsch

Sturm im Kopf
Schmerzen im Nacken
Die mich wieder mal von Hinten packen
Kampf dem Herbst
Durch dessen nasse Spuren ihr mich zieht
Im Dunkel sitzen und Gift aus alter Feder spritzen ist auch bei mir
wieder beliebt
So schreib ich nur als Teil der deutschen Leitkultur
Ganz schwache Spuren in den deutschen Matsch
Und spüre jeden Sturm der anderswo den Tod bringt
Wie ein laues Lüftchen nur
Und weiß alle Aufregung ist hier nur Ersatz
Für ganz woanders Sorgen
Für ganz woanders Probleme
Für die ich mich im Stillen schäme
Und die der Grund sind für meine ew'ge Lebenshatz.

Der Usurpator der Sinne

November 2000
Faulendes Herbstlaub
Rund um den Brühler Wasserturm
Quer über die Hundewiese
Wohin führt mich dieser Pfad im Braun
Bin so versunken im Elend
Nichts bewegt sich im Leben, nichts bedeutet was
Kann mich nicht reißen aus dem Nichts
Kann mein Treiben nicht vermeiden
Gleite durch dumpfe Träume
Sorgen drücken mir auf den Sack
In ihm steckt das Lumpenpack
Der Wurm ist im Leben
Was kann es mir noch geben?
Außer dem Alter
Schwert im Stein
Lindere meine Pein
Nur für uns gleiten wir in den schönen Schein
Oder was?
ODER WAS!!!???
Um mich nur Hass
Und langsam, ganz langsam läuft über mein Fass
Und gleichzeitig schreibe ich schlaue Dinge mit denen ich mich
selbst ums Handeln bringe.

Zufallsgott

1

Ich opfere vor deinem hohen Altar

Was mir schon so lange klar

Was ist, was mich durchs Leben treibt?

Die stets gleichen Rituale?

Deine süßen kleinen Brüste

Gipfel der Genüsse oder der Duft aus deiner Honigschale?

Deine Haut so weich und deine Lippen warm

Für mich das schiere Himmelreich

Du bist mein Glück und immer noch mein Lebensschwarm.

2

Was schreibt Geschichte hinter meinem Rücken wenn ich dichte?

Was legt die Worte in die Feder mir?

Zähmt mein Gemüt und fesselt fest in meinem Geist das wilde Tier?

Es ist die dunkle Liebe zum Papier

Hier bleibt ewig was der Zufallsgott mir predigt

Was mein Wille durch die Zeit vollzieht

Und was mein verworrenere Geist so schwankend aber unerbittlich liebt.

3

Du bist mein Sinn

Der Faden durch meine schnöde Schicksalsbahn

Du bist das Gold auf meinem Wagen

Den ich mein Leben lang versuche sicher nach dem Ewigheim zu fahren

Wie stark rüttelt doch stets der Alltagssturm an unseren Achsen

Wie häufig jeder von uns glaubt, sich ganz alleine zu verfahren

Und ewig treibt das Leben seine Faxen

So ewig schleudern wir in unsrem Zauberkahn

Doch kein Hindernis kann groß genug erwachsen

Kein Zufallsgott sich stark genug verschwören

Ich werde stets weit über mich hinaus nur wachsen

Um deiner Liebe ewig zu gehören.

Blendwerk

Tiefe Schatten der Unzufriedenheit
Woche des Wahnsinns
Fast im tiefen Fall
Fast sehen sie mich wirklich
Mein Blendwerk
Meine alte Unfähigkeit
Doch alle sind so
Alle pfeifen auf die Verantwortung
Und mitten hinein tapst ein Neuling
Ahnungslos
Was bringen neue Menschen
Neue Gefühle?
Neue Freunde?
Alte Enttäuschungen
Verfolgen mich durchs Leben
Verlust der Kraft
Nur ein kleiner Ball hilft mir durch die Woche
Alles ist ein Spiel
Spiel ich mit mir selbst?
Mach ich mir selbst was vor?
Bestimmt
Am Wochenende die Ablenkung pur
Ganz bestimmt keine Lösung
Aber wozu soll ich produktiv sein?
Wozu kreativ sein, für ein so kurzes Leben
Für welch vergänglichen Ruhm
Ich kann nicht
Ich will nicht
Mein Mut ist geblendet
Wenn es ihn je gab.

In mir kommt

Siebter Schreibsinn
Staatstrauer über
Zeitgedanken
Gedanken aus dem Felde Hauer
Schachspiel mit lebenden Figuren
Was geschieht wirklich in diesem Land?
Was bleibt unerkannt
Wenn es um Geld geht
Für den der die Welt versteht
In mir kommt ein Bewusstsein
Ein Dämmern
Warum soll es im Großen normal zugehen?
Verursacht ein Hämmern
Warum auch?
Und ich muss auch nicht alles verstehen
Druck auf der Brust
Wiederholungsfrust
Und die Geschöpfe um mich leiden
Was sehe ich in euren Augen
Ihr durchschaut meine Schwäche
Doch ihr glaubt fälschlich es sei die schmutzige Seele eines
Schweins
Und doch Recht habt ihr, aber es ist nur die halbe Wahrheit
Aber ist die Umnachtung noch aufzuheben?
Woher die Hoffnung schöpfen?
Woher?

Spuren

Da starrt es aus dem Spiegel Das Alter
Und gezeichnet in meinen Händen will es bald enden
Tief in meinen Poren verloren
Die Jahre der unbeschwerten Jugend.

Ach was!
Die gab es nie
Nie!
Oder nur im tiefsten Inneren
Da schlummert die naive Unschuld noch immer
Sie schnarcht vor sich hin
Und man hört im Traum Gewimmer.

Glücksschweine

Rüssel im Sand
Plätzchengeruch und Schatten an der Wand
Kellergedanken ins Hirn eingebrannt
Vorbei an Wäscheschranken
Zögern in mir□

Ein wildes Zögern
Worauf noch warten?
Den Erfolg endlich verbraten!
Ich kann nicht meine Schatten überwinden
Ich kann nicht den Mut in mir finden
Was wird aus meinem Traum?
Ich scheitere und ich trauere kaum
Hab ich mir Jahre lang was vor gemacht?
Mein Talent fürchtet sich entdeckt zu werden
Ich zweifle an der wahren Chance
Ich zweifle diese letzte verdammte Nuance
Alles ist doch bloß Glück
Nur Glück ihr Schweine!
Außer das Überleben hat mir das bisher nicht viel gegeben
Oder ist das normale Glück schon viel?
Also warum auch?
Womit hätte ich es verdient?
Aber
Es lohnt eigentlich keine Zeile
Und es hat auch keine Eile
Denn das Leben bloß wie Sand durch meine Finger rinnt.

Wahnsinn

Was für ein Tag
Sie schlachten das goldene Kalb
Um das sie, um das wir ein Leben lang tanzten
Was wird aus unsren Träumen wenn wir sterben
Ich hauche es aus
Gott verdammtes Pech
Könnte es an unseren Tellern geklebt haben?

Wir haben es uns selbst draufgelegt
Wer weiß wo der Fluch noch zu finden ist
Was war AIDS gegen diesen Rinderwahn?
Die Seuche Mensch ist ein Opfer der Seuchen
Welch Ironie
Opfer?
Zumindest sind wir wie immer zu dumm um uns rechtzeitig selbst
zu schützen
Wenn schon kein Krieg, dann etwas was unser dummes Hirn frisst
Ist es Panik was in meinen Eingeweiden sich windet?
Ich glaube schon
Aber das schlimmste ist die Ungewissheit
Du wirst heute Vegetarier und stirbst in 10 Jahren dafür, dass du
gestern noch Fleisch gegessen hast.
Schicksal!
Wie nie zuvor
Was sollen die Raucher sagen und die Trinker?
Willkommen im Club.

Frühstückslyrik

Was ist es du kleiner süßer Hund?
Wir pissen uns in die Kissen!
Ist das gesund?
Oder steckt in dir ein Frust
Der uns wohl kaum bewusst
Ist es kein schönes Hundeleben?
Und eure Blicke flehen mich fragend an
Was machen wir jetzt?
Wer ist jetzt mit Bällchenspielen dran?
Ich empfinde doch immer wieder große Liebe für euch Tiere

Ihr seit so warm und weich mit euren nassen Schnauzen Gesten reich

Alles ist verzeihlich

Denn unser Stress mit euch ist nicht echt

Es lohnt sich kein Geschrei ums Einerlei

Denn viel zu schnell ist das, was heute schlimm ist, morgen schon vorbei

Meine Sorgen seit ihr und ich wäre gerne ein Tier um alles zu verstehen

Um mich ganz in euer Universum einzudrehen

Was auch in der Welt passiert

In eurer Nähe es für mich alle Bedeutung verliert

Ihr seid die verborgene Kraft, die mir im Leben Luft verschafft.

Winter werden

Dezemberhauch und Knoblauchduft

Immer dünner wird die Luft

Was wir tragen durch die Schwere hält uns warm die Atmosphäre

Umgeben von Tausenden Gedanken

Scheint der Freiheit keine Schranken

Und wir müssen hierdurch neue Kräfte tanken

Menschen sind es, die uns üble Erinnerung werden

Kehrt zurück was uns belastet?

Doch ich merke das ich schludre

Das ich schleudere durch die Welt

Was ist wichtig und was zählt?

Materielle Seligkeiten am Horizont vorbei nur gleiten

Lenke mich ab im Tastenspiel

Kreatives Zwischendurch

Heitert auf mich alten Lurch
Keine Freunde sind geblieben
Ich versinke in der Zweisamwelt in der wir nur einander lieben
Läuft die Zeit hier nur im Kreise?
Was wird kommen auf der folgenden Jahrtausenreise?
Ich verlier hier mein so hart erkämpftes Jagdrevier
Und denke besorgt an meine kleine Meise
Denn die ist kein Wintertier.

Seele verkauft

Wilder Kampf
Sturer Tanz
Liebe zu den Geschöpfen
Greifen nach alten Zöpfen
Ist es nicht zwecklos?
Wofür regt man sich auf
Ich schließe den Pakt mit dem Teufel gegen den Beelzebub
Alles strampelt in mir
Alles krampft sich zusammen
Muss ich um meine Seele bangen?
Ich rudere in der Zeit
Wer hat mich so von Freunden befreit?
Wir warten im Dezember, das es endlich schneit
Schluss mit dem Regen!
Doch in der Seele hängt das Tief
Es will nicht heiter sein.

Schlammkaffee

Ich brumme und vibriere in mir
Nach bergischem Schlemmen
Und dem mit Freunden durch die Zeiten rennen
Im immer selben Revier
Im Schlamm versinken und köstlichen Kaffee endlos trinken
Geld zerrinnt durch unsere Finger
Doch der gepflegte Lebensstil wird nicht geringer
Das man leidet am Geschehen
Sich auskotzt mit den Freunden, die dich verstehen
Bringt Ruhe in den Kopf
Und zieht mir doch am Image-Zopf
Und dann□, dann treiben wir nach hause
Und du kennst keine Pause
Deine Kraft ist so erstaunlich
Ich frage mich hier, kenn ich dich?
Du kennst dich dabei selber nicht
Und ich steh neben mir
Welche Lust am Frust wird mir hier bewusst
Oh Alltagspoet, diese Einsicht kommt, doch vielleicht etwas spät.

Lebenstheater

Auf nassen Winterwegen
Mit verschneiten Gedanken leben
Im Tau des Jahres
Mit müden Hunden ins Wochenende streben
Die Chancen des neuen Jahres erkunden
Und für sich selber schweben
Freude am Schenken
Phantasien lenken die schlappen Gedanken über altbekannte
Schranken
Ein Lauf durch die Nacht
Der vergessene Gefühle erwacht
Wie wunderbar erfrischend können Menschen sein
Alles ist doch bloß Theater und die Welt ist so klein.

Im Glauben

Was wir sehen, ist nicht was wir verstehen
Ich halt meine Nase in den scharfen Wind
Während Gedanken von mir gehen
Gedanken sind mein Kind!
Träume die noch am Wasser leben
Die wir in bewegten Momenten erleben
Durch bewegte Bilder eben
Wie unsere Zeit es mit sich bringt
Fantasien die schon alt und doch in unseren Herzen niemals kalt
Da ist der, der auf der Straße lebt
Da ist das Kind, was geschickt seine fahrenden Beine durch die
Masse schwingt
Wir sind so angefüllt mit uns
So schrecklich Nachbarsblind
Was erkenne ich in dir kalter Wind?
Mein Weg kreuzt das Papier
Geduldig wartet es auf Lösung hier
Nur Hoffnung ist gewiss, sie stirbt zuletzt
Im Glauben an das Gute liegt der Ursprung einer allerletzten
Gnadenfrist
Und auf der Jagd danach, sind wir nicht gerade abgehetzt
Wie kann man sein?
Wie kann man wahrhaft empfinden?
Wie kann man all den Zweifel nur, in sich überwinden?
Denn nur im Glauben an die eigene Kraft ist man stark und gut
Ich weiß es und es gibt mir Mut.

Heideglück

Was werden wir uns sagen?
Woran glauben wir?
Die Heidelyrik wirkt in uns
Und Schnee fällt auf den Tag des sterbenden Jahres
Und du führst den Streit gegen die Unfähigkeit der Zeit
Was dringt in uns?
Von dem was wichtig ist
Nur unsere Phantasie bringt uns Schwingen durch die Zeit
Aber unsanft landen wir so oft im düsteren Wald der Leichen
Wo sind die Fundamente der Geschichte?
Hier war Anne F. in ihren letzten Tagen
Und wir spielen Romantik
Essen dicken Kuchen der mir wie ein Klos im Halse steckt und dann wie
ein Stein fällt in den Magen
Ist das Hier von Bedeutung?
Ist die Quelle allen Weiterlebens die Erinnerung?
Wir sind die Kinder der Täter!
Und diese schweigen sich ins Grab
Sie wollen nicht den Mut zur Reue finden
Sie sind in ihrer armen Seele zu stolz sich zu überwinden
Und doch sind sie glücklich, sich nicht wie wir zu quälen mit diese Schuld,
die unsere nicht ist, ein Leben lang zu zählen
Aber unsere Schuld ist ewig die Pflicht zur Rede
Ich gestehe meinen Fehler!
Bergen-Belsen,
das Grab von Tausenden und es war Gott verdammt nicht das einzige…
Und es ist nicht das Ende der Hoffnung
Auch nicht der Hoffnung der Täter
War die Verzeihung die Lösung?
Ich zweifle daran, aber ich zweifle auch an meinem Zweifel.

Ich erkenne

Disput um die Liebe
Und in mich dringt eine Tragödie
Für den Kampf um die Toleranz der Wirkung
Was ist das für ein Reiz in mir der mich fort reißt von der Vernunft?
Was mir fehlt ist die klare Sicht auf meine vertanen Chancen
Ihr flieht nach dem Horizont des Erfolges
Ist es wirklich sinnig?
Ist es das Maß der vertanen Kraft?
Ich zweifle an dem Rest in meinen verkrampften Fäusten
Er wird nicht reichen
Hingegen reißt ihr mich in die Tiefe
Ihr Wächter der Willkür
Ihr süße Engelszungen
Die mir den tauben Sinn noch töten
Also wandle ich, auf schneebedeckten Spuren des
Jahrtausendwechsels, hinter toten Dichtern her
Die einst verklärten was nur schön schien
Doch Schönheit lebt in uns allein
Auch wenn wir den Namen der Rose nie erfahren werden
Nur selbst erkennen wir den Schein
Und darum weiß ich jetzt, dass sie wussten was sie taten, was ihr
auch sagt und was ich auch zu gerne glauben wollte in glücklicheren
Tagen.

Schreien durch die Nacht

Furcht hat nicht den tiefen Sinn, den ihr, ihr zugesteht
Alles treibt in mir zur Gleichgültigkeit hin
Die sich schwindelnd um mein Leben dreht
Und bald platzt mir die Geduld ob eurer berechtigten Worteflut Die

Diskussion in später Nacht
die mich stört
Wie alles andere, alles fremde stört
Ihr lacht?
Euer Recht ist meine Last
Wie kann das nebeneinander sein?
In dieser Zeit voll Hass
Wie wirke ich auf euch?
Ebenso?
Ebenso fremd, ebenso anders?
Es wird so sein
Und jeder ist hier nicht allein in seinem Schein
Jeder…!!!
Das ist meine Furcht und ich hoffe auch eure.
Aber wenn ich ehrlich bin, weiß ich es besser
Ich weiß es einfach.

Odyssee 2001

Im alten Jahr der Schnee
Hundekinder die Sorgen bringen und Sorgen bezwingen
Und ich sehe wir singen und fahren unsere Karren durch den Matsch
der Sorglosigkeit
Doch in den weichen Kissen bricht es aus dir heraus
Deine Kraft ist mehr als du glaubst

Es ist deine Last und zugleich dein Feuer das in dir brennt
Und mit dir üben unsere Freunde die schönen Varianten des „So
könnte alles sein"
Aber machen sie es so?
Wir wissen die Zukunft ist der Spiegel unserer Vergangenheit und
wir träumen nur von jenem Selbst das wir sein wollen
Macht mir
nicht vor es wäre anders!
Ihr könnt nicht täuschen wem ihr ähnelt in eurer Seele
Und ich denke ihr wisst es.

Die Wahrheit

So schnell wird zerstört was über Jahre nur Vertrauen wirkt
Ich weiß nicht ob es dir so klar
Wir kommen ins verflixte siebte Jahr
Und schon im Winter `94 wusste ich in Norwegen um die verteufelte
Wahrheit des Fleisches
Und ich entschied mich für die Liebe zu dir
Doch es war auch die Wahl der ewigen Phantasie
Unsere Erfüllung lebt in meinen Gedanken
Das ist die Wahrheit.

Was deine Mutter schrieb

Immer Kraft die liebt
Aus der einst Leben, leben gibt
Ich weiß es wird sein
Und ich finde die Kraft in mir
Zurück zum Leben
Staub um mich
Soll mich nicht länger umgeben
Fließen muss Wahrheit aus meiner Feder eben
Mein ganzes restliches Leben
Trockene Rose auf großen Römer legen
Legenden des Lebens
Formen Spiegel der Zeit
Ich will durch dich zur Erkenntnis reiten
Indianer meiner Seele
Mit dem ich mich quäle
Lass mich vom Marterpfahl
Brenne aus das Teufelsmal
Mein Kind
Ich lese deine zukünftige Spur im Wind Die
Tage, Wochen, Jahre vergehen
Und doch wirst du eines Tages sehen Und
meine Seele ein wenig verstehen Was deine
Mutter schrieb
Und dein Vater liebt.